아프리카 역사

AFRICAN HISTORY: A Very Short Introduction, First Edition

First edition was originally published in English in 2007.
Korean translation rights arranged with Oxford University Press
through EYA.

첫단추 시리즈
046

아프리카 역사

존 파커·리처드 래스본 지음
송찬면·송용현 옮김

교유서가

한국어판 서문

『아프리카 역사』 한국어판이 출간된다는 소식에 대단히 반가웠습니다. 우리는 이 책을 통해, 아프리카 안팎의 학자들이 아프리카 역사를 어떻게 이해했는지 살펴보고 그 다양한 견해를 소개하고자 했습니다. 런던대학의 동양 아프리카 연구원에서 학생들을 가르치며 씨름한, 당시 아프리카 역사 연구의 핵심적인 주제로 여겼던 문제들에 초점을 맞추어 이 책의 각 장을 구성했습니다.

이번 한국어판은 원서의 초판본(2007)을 번역한 것으로, 그 이후에도 아프리카가 속해 있는 세계와 더 광범위한 역사학 분야처럼 아프리카 역사 연구 역시 계속 발전해왔습니다.

그렇다면 우리는 이 책을 다시 써야 할까요? 대답은 "아니오"입니다. 우리가 탐구한 주제들과 그것들을 설명하기 위해 인용했던 지역 사례 연구들은 여전히 유효합니다. 더군다나 블랙 라이브스 매터(Black Lives Matter, '흑인의 생명도 중요하다') 저항운동이 현안으로 부각되는 상황이어서, 아프리카 역사의 깊이와 복잡성에 대한 이해는 더욱 필요하고 중요합니다.

한 걸음 더 나아가, 젠더의 유동성에 대한 새로운 인식, 새로운 형태의 디아스포라 정체성과 그에 따른 정치의 부상, 거침없이 진행되는 세계화, 새로운 모습의 국제문화 등, 아프리카 대륙의 역사 이해에 영향을 미치기 시작한 최근의 세계적인 변화에도 주목할 가치가 있습니다.

유럽의 식민 지배 시절은 점점 오래된 과거가 되어가고 있지만 그 시대의 유산은 아직도 거듭되는 많은 논쟁의 대상이며, 역사학자들은 아프리카가 주권을 회복했던 1960년대 전후 시기에 관심을 돌리고 있습니다. 한국을 비롯한 다른 아시아 역사도 마찬가지지만, 전 세계가 점점 더 촘촘하게 연결되어가는 시점에 아프리카 역사를 어디에 어떻게 배치할 것인가는 핵심과제로 남아 있습니다. 이 짧은 책이 그런 과제를 수행할 때 유용하고 흥미를 자극하는 안내서가 되었으면 합니다.

2022년 3월

존 파커

일러두기

미주는 모두 옮긴이 주(註)이다.

차례

제 1 장

'아프리카'란?

이 책은 거대한 주제를 다루는 매우 짧은 입문서로, 크게 두 가지 측면을 살펴보고자 한다. 먼저 아프리카 땅과[1] 그 땅과 관련된 사람들에 대한 이야기를, 다른 한편으로는 아프리카 사람들과 역사학자들이 아프리카의 과거를 어떻게 그려내고 기록했는지를 검토할 것이다. 이 땅과 그 과거, 둘 다 너무나 방대한 주제들이다. 아프리카는 지구상에서 가장 다양한 언어와 문화를 가진 하나의 완전한 대륙이며, 지중해 남쪽 해안에서부터 희망봉까지 오늘날 50개가 넘는 국가로 구성되어 있다. 이곳은 인류가 처음으로 진화한 인간의 요람이며, 인간은 여기서부터 세계 전역으로 부챗살처럼 퍼져나갔다. 아프리카 역시 유구한 역사를 갖고 있으며, 그 역사는 지구상에서 가장 오래된 5천 년 전 고대 이집트 문명까지 거슬러올라간다.

아프리카 여러 지역에서 펼쳐진 역사의 연대표를 가장 짧게나마 정리하는 일조차 이 책의 범위를 벗어난다. 그런 작업은, 세네갈부터 수단까지 하늘을 뿌옇게 덮어버리는 사하라 모래 폭풍 하르마탄[2]의 먼지만큼이나 건조하고 지루한 일이다. 아프리카 역사 개론이나 여러 다양한 관련 저서들이 많이 나와 있으며, 이 책들을 끝부분에 소개했다. 따라서, 이 책의 목표는 연대기적 고찰이 아니라, 아프리카의 과거가 어떤 방식으로 상상되고 묘사되었는지, 그 방식들이 어떻게 변화했는지를 고찰하는 것이다. 그렇기는 하지만, 실제 사건을 나열하지 않고 과거가 어떻게 묘사되었는지에만 집중한 것은 아니다. 아프리카 대륙 안에서 일어난 다양한 사건과 대륙 밖으로 향했던 아프리카 디아스포라 과정을 설명하면서 우리의 주장 역시 제시할 것이다. 이를 계기로 아프리카의 과거 연구에 관련된 중요한 이슈, 문제점, 논쟁이 부각되기를 바란다. 이는 아프리카에 대한 이해뿐 아니라 역사라는 학문을 이해하기 위한 필수적인 과정이다.

우리의 주제가 상당히 어려운 것은 단순히 아프리카 역사의 엄청난 깊이와 다양성 때문만은 아니다. '아프리카 역사'라는 개념 자체도 논쟁적이고 논란이 많다. 이 문제를 어떤 사람은 하찮은 것으로 간주하고, 어떤 사람은 이데올로기적인 수단으로 여기는 등 정확한 정의에 대해서 갑론을박이 이어지고 있다. 그런데 이 마지막 문제, 즉 정확한 정의 문제는 좀 이상해 보일 수 있다. 조금 전 진술했듯이, 아프리카는 하나의 대륙이며, 아프리카의 과거는 아프리카 역사를 구성한다. 그렇지만 하나의 대륙이 하나의 역사를 갖는다? 예를 들어 '아시아 역사' 또는 '유럽 역사'라는 제목으로 하나의 책을 쓴다는 것은 거의 생각하기가 어렵다. 마찬가지로 단일한 아프리카 역사라는 개념이 성립하려면, 이 대륙에 단순한 지리적 영역을 넘어서는 근본적인 통일성, 아프리카를 하나로 묶을 수 있을 뿐 아니라 지구상의 다른 지역과 확실하게 구별되는 통일성이 존재한다고 가정해야 한다.

아프리카 역사라면 보통 흑인의 역사로 여겨져왔기 때문에, 처음부터 인종 문제가 등장한다. 여기서 많은 질문이 제기된다. 아프리카 역사는, 사하라 북쪽과 남쪽 둘 다를, 그래서 '검어' 보이지 않는 사람들이 살고 있는 아프리카까지 포함하는 대륙 전체의 역사여야 하는가? 아니면, 사하라 남쪽 또는 '블랙 아프리카'의 역사가 진정한 아프리카 역사인가? 후자라면, 아프리카 대륙 밖에, 아메리카와 아시아에 노예무역으로 팔려가 널리 퍼져 살다 죽어간 수천만의 흑인들이 이 역사에 포함되어야 하는가? 그들을 포함하든 하지 않든 문제는 또 있다. 아프리카 역사는 세계 다른 지역의 역사와 본질적으로 동일하므로, 동일한 '보편적 진리'들과 동일한 학문적 분석 방법으로 분석될 수 있는가? 아니라면, 아프리카의 과거를 연구할 때는 아프리카의 특수성을 고려해서 아프리카 자체의 고유하고 다양한 논리에 따라야 하는가? 한마디로 어떻게 쓰여야 아프리카 역사가 '아프리카다운가'?

아프리카 안팎에서 역사학자들이 이 주제에 대한 논쟁을 이어가고 있다. 이 역시 놀랄 만한 일이다. 이러한 기본적인 정의에 대해서조차 학자들의 의견이 갈리는 현상은 아프리카 역사 연구에 대해 무엇을 말해주는가? 이 질문에 대한 부분적인 대답은, 아프리카 역사가 거대한 주제임에도 불구하고 매우 새로운 주제라는 사실에서 찾을 수 있다. 인정받을 만한 학문적인 연구로서 이 주제가 부각된 지는 불과 40~50년밖에 되지 않았다. 19세기와 20세기 전반 서양 대학에 근대적인 역사학과가 정착되었을 때, 당시 유럽의 일반적인 인식으로는 아프리카, 특히 사하라 남쪽 아프리카에는 언급될 만한 역사가 없었다. 그들의 사회는 미개하고 변하지 않을 뿐 아니라 거의 대부분 문자성(literacy)[3]이 없어 집단적인 역사의식이 없었다고 믿었다.

이러한 인종적인 인식은 유럽 제국주의를 구성하는 한 요소였으며, 19세기 말 아프리카의 점령과 분할을 정당화하기 위해 이용되었다. 사이비 과학에 의한 인종 등급 체계가 2차세계대전이 끝나고 식민 제국과 함께 붕괴했음에도 아프리카 역사의 유효성에 대한 회의론은 20세기 후반에도 계속 이어졌으며, 수치스럽게도 저명한 일부 (유럽) 역사학자들이 이를 주도했다. 이 회의론자들은 아프리카에는 역사의식이 없다는 틀린 답을 내놓았다. 아프리카 사람들은 과거에 대해 자신들의 고유한 인식과, 그 과거를 기억하는 고유한 방법도 오랫동안 유지하고 있다. 아프리카 역사는 단순히 현대의 대학들이 '완성한' 그 무엇이 아니다. 최근 들어서 다행히도 소외되고 발언권이 없던 피식민 지배자들, 여자들, 가난한 사람들이 아프리카 역사의 한 부분으로 합당하게 인정받게 되었으며, 이는 인류 역사의 다양성에 대한 인식 확장에 결정적인 돌파구가 되었다.

만들어진 아프리카

아프리카 역사를 개관하기 전에, 우리는 우선 아프리카가 무엇인지 검토해야 한다. 하지만 아프리카 개념이 형성되는 과정 자체가 하나의 역사적인 과정이어서, 닭이 먼저냐 달걀이 먼저냐와 같이 아프리카라는 개념과 아프리카 역사를 구분하기가 쉽지 않다. 최근 수십 년간, 예전부터 내려오는 금언에 대해 점점 의문을 제기하는 많은 역사학자와 타 분야 학자들이 오랫동안 단순하게 받아들였던 정치, 사회, 이념에 대해 '포장을 벗기고' 꼼꼼하게 뜯어보기 시작했다. 이렇게 포장 속을 들여다본 일부 연구자들은, '사회와 개인이 세계 속의 자신을 어떤 관점에서 보아왔는가'라는 문제를 파고들었고, 그러한 관점들이 생각했던 것보다 더 복잡하고 더 변질되기 쉽다는 것을 보여주고자 했다. 또한 어떤 문화가 타자를 바라보는 방식, 특히 유럽 또는 '서양'이 아시아, 아프리카, 아메리카 등 다른 지역 사람들을 어떻게 인식했는지에 관심을 기울여왔다. 그 결과 관점의 복잡성과 변질 가능성 외에도, 이러한 관점들이 대상을 드러내는 만큼 보는 주체 자신을 드러낸다는 측면이 강조되었다. 또한 이런 관점들은 제국주의 열강의 역학 관계에 따라 형성되었다고 볼 수도 있다.

이런 측면에서 에드워드 사이드의 『오리엔탈리즘*Orientalisn*』[4]은 획기적인 저서로서, 북아프리카를 포함한 '동양(orient)'은 이국적이고, 퇴폐적이고, 부도덕하다는 유럽의 인식을 비판적으로 검토했다. 반대로 사이드 역시 획일화된 유럽 세계관의 존재를 가정하여 전도된 오리엔탈리즘(또는 '옥시덴탈리즘'[5])을 구축했다는 비판을 많이 받았다. 그러나 결함에도 불구하고 이 책은 로널드 인덴(Ronald Inden)[6]의 『인도를 상상하기*Imagining India*』, 콩고의 철학자 무딤베(Valentin-Yves Mudimbe)[7]의 『만들어진 아프리카*The Invention of Africa*』와 같이,

세계관에 문제의식을 갖는 저작들에 영향을 주었다. 아프리카라는 개념은 어떻게 만들어졌는가? 그리고 누가 만들었는가? 무딤베의 짧은 답변에 따르면, 아프리카라는 개념은 아프리카인이 아니라 아프리카인이 아닌 사람들에 의해 '다름의 패러다임'으로 처음 만들어졌다. 달리 말하자면, 아프리카라는 하나의 이국적인 프리즘을 통해, 외부인들, 주로 유럽 사람들이 '타자'의 이미지와 그들 자신의 이미지를 굴절시켰다.

이런 시각에 동의할 수밖에 없는 증거들이 많다. 20세기 이전에는 아프리카 사람들 중 극소수만이 '아프리카 사람'으로서의 정체성을 갖고 있었다. 아프리카라는 단어의 어원은 고대 지중해의 고전 문명에서 시작된다. 당시 그리스 사람들은 지중해 세계를, 지중해 남쪽(우측 지도에서 오른쪽) 해안은 리비아, 동쪽(우측 지도에서 위쪽)은 아시아, 북동쪽(우측 지도에서 왼쪽)은 유로파 등 세 개의 구역으로 나누어 생각했다. 리비아와 아시아 사이에는 '이집트'(이 단어도 그리스어)가 놓여 있으며, 옛날 지리학자들의 눈에는 이집트의 가장 큰 강 나일강이 두 개의 세계를 나누는 것으로 보였다.

그리스어로 '리비얀(Libyans, 리비아 사람들)'은 남쪽의 검은 피부를 가진 에티오피안(Ethiopians, 어원은 Aithiops로 '그을린 얼굴의'라는 뜻)들과 구분하여 지중해 해안에 사는 사람들을 지칭했던 단어여서, 여러 부족을 뭉뚱그린 좀 애매한 종족 개

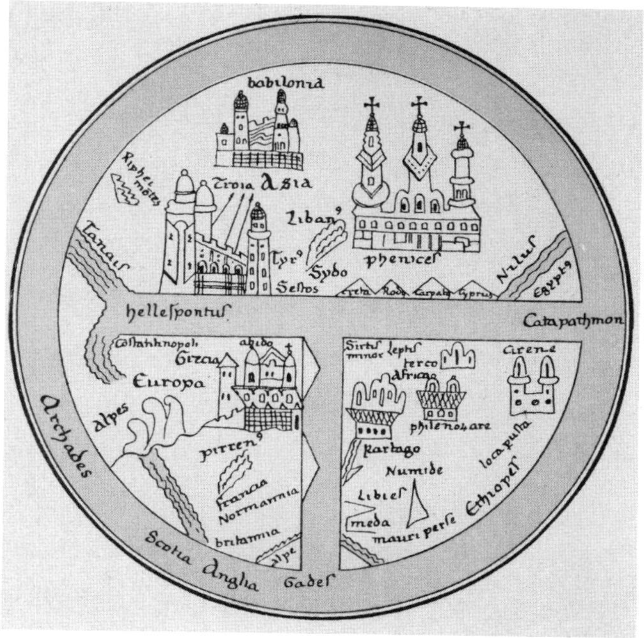

1. 지중해 중심 세계관이 보여주는 삼분할 지도. 11세기 라이프치히 법전에 나오는 것으로 중세의 'T-Map'이라 부른다. 나일강이 아시아와 경계를 이루고, 북아프리카에 카르타고(Carthage), 누미디아(Numidia), 리비아(Libya), '마우리(Mauri)'가 있으며, 알려진 세계의 바깥 끝에는 '에티오피아(Ethiopia), '스코티아(Scotia)' '앙글리아(Anglia)'가 있다.

념이 함축되어 있었던 듯하다. 그리스 사람들은 리비안을 많은 부족으로 구분했으며, 카르타고(현대의 튀니지)의 페니키아 전초기지 부근에 사는 부족 중 하나가 후대 로마의 사료에 '아프리(Afri)'라는 명칭으로 등장한다. '아프리의 땅'이라는 뜻의 아프리카는, 기원전 146년 카르타고를 정복한 로마가 행정구역을 나누면서 한 지방에 부여한 명칭을 의미할 뿐이었다. 로마제국이 멸망하고 아랍이 서기 7세기에 북아프리카를 정복하면서, 이 해안 지역이 아랍에는 '이프리키야(Ifriqiya)'로 알려진다. 그후 15세기가 되어서야 포르투갈 선원들을 통해 유럽 사람들에게 아프리카의 윤곽이 알려지게 되었고, 이때부터 이 단어가 대륙 전체를 의미하게 되었다.

'대항해시대'[8]의 포르투갈 여행가들은 유럽의 아프리카 지식을 확장했을 뿐만 아니라, 아프리카에 대한 유럽인들의 생각을 변화시키는 과정을 시작하기도 했다. 이런 생각의 변화를 가져온 배경에는 대서양을 횡단했던 노예무역이 있다. 노예제도는 그리스·로마시대 지중해 세계의 두드러진 특징이었고, 중세 유럽에서 다양한 형태로 지속되었으며, 북아프리카를 포함하는 무슬림 세계와 사하라 남쪽 아프리카 내에도 존재했다. 16세기와 19세기 사이에 약 1,200만 명의 아프리카 사람들을 강제로 이주시키고, 유럽 사람들의 마음에 인종의 열등성, 노예, 아프리카라는 개념들을 선명하게 연결한 고리는 바로 대서양 노예무역이었다. 노예제도와 노예무역은 4장에서 다시 논의하겠지만, 여기서 유념해야 할 점은, 아프리카라는 근대적 개념의 탄생은 대서양 노예무역이라는 비인간적이고 가혹한 시련 속에서 다양한 경로를 통해 유래되었다는 것이다.

그리고 아프리카 사람들이 이 노예무역에서부터 아프리카라는 개념을 처음으로 전용(轉用, appropriation)[9]하기 시작했다. 제일 먼저 이런 생각을 한 사람들은 디아스포라 때 아프리카를 떠나 우연한 기회에 서양 교육을 받은 지식인으로서 노예무역 반대론자로 유명한 올라우다 에퀴아노(Olaudah Equiano)[10] 같은 사람들, 19세기의 알렉산더 크럼멜(Alexander Crummell)[11], 마틴 딜레이니(Martin Delany),[12] 에드워드 블라이든(Edward Wilmot Blyden)[13] 같은 아프리카계 미국인들이다. 아프리카에서 완전히 배제되었기에 아프리카를 인식할 수 있었던 이 사상가들이 나중에 '범아프리카주의'라고 알려지게 되는 사상의 초석을 놓았고, 아프리카라는 개념뿐만 아니라 인종이라는 19세기 유럽의 단어도 빌려왔다. 초기 범아프리카주의자들은 아프리카 또는 '에티오피아'를(한동안 아프리카 대륙 전체를 의미했기에) 다른 인종과 구별되는 '니그로 인종'의 고향으로 간주했다. 아프리카 내에서는 19세기 말이 되어서야 서아프리카 해안의 노예무역 도시에서 영어로 말하고 쓸 줄 아는 사람들이 이 개념을 처음으로 사용하기 시작했다. 이즈음은 이 대륙에 유럽 식민 정복 시대가 도래하는 시점이었기에, 이는 전용된 아프리카 개념이 많은 사람에게 수용되어 더욱 공고하게 정립되는 계기가 되었다.

중세에 대한 최근의 연구가 보여주는 것처럼, 유럽이라는 개념도 아프리카라는 개념만큼이나 상상의 소산이고, 유럽인이 아프리카 대륙을 '발견'한 유일한 외부인인 것도 아니다. 다른 외부인인 아랍의 무슬림은 서기 632년 선지자 무함마드 사후 70년 동안 아라비아반도를 휩쓸고 북아프리카 해안 전부를 정복한 다음, 711년에는 스페인과 포르투갈 영토까지 뻗어나갔다. 로마시대에 기독교의 초기 중심지였던 북아프리카는 거의 이슬람화되었다. 이집트 원주민들과 베르베르인들 거의 대부분도 이슬람을 믿게 되었고, 아랍 이민자들과 섞여 독특한 북아프리카 문화와 정치적 왕조들이 생겨났다. 무슬림 지리학자들이 그리스 사상에서 알려진 세계의 3분할이라는 개념을 어느 정도 물려받았지만, 그 개념에 신앙을 바탕으로 한 좀더 근본적인 세계관이 덧칠되어, 북아프리카는 다르 알이슬람(Dar al-Islam, 이슬람 권역)의 한 부분으로 통합되고, 사하라사막 남쪽 지역은 다르 알쿠프르(Dar al-Kufr, 이교도 권역)나, 종종 다르 알하르브(Dar al-Harb, 전쟁 권역)로 불리게 된다.

첫 밀레니엄이 끝날 무렵, 낙타를 타는 베르베르인과 아랍 상인들이 사하라를 건너 남쪽의 빌라드 아스수단(bilad as-Sudan, '흑인들의 땅')이라 부르는 곳까지 진출하기 시작한다. 이런 교역과 함께 이슬람이 전파되었고, 서부 아프리카 사바나 지역 왕국의 지배 계층과 상인 엘리트들이 개종을 하면서 무슬림과 이교도를 구분하기가 애매해졌다. 비슷한 과정이 아프리카의 동쪽 해안에서도 진행되어, 인도양에서 해상무역을 하는 무슬림 네트워크에 연결되었다. 나중의 대서양 무역과 같이 사하라 횡단 교역과 인도양 무역에도 노예 수출이 포함되었으며, 무슬림이 노예제도를 정당화한 것은 노예의 피부색 때문이라기보다는 그들이 '이교도'이기 때문이었다. 그러나 중세의 아랍어 기록들은, 북아프리카 역사학자로 유명한 이븐 할둔(Ibn Khaldūn)[14] 같은 세련된 사상가들조차도 빌라드 아스수단에 대해 부정적인 표현을 사용하며, 아랍인들은 아프리카인들이 이교도일 뿐 아니라 '원시적'이라는 이유로 그들을 경멸했다. 북아프리카 무슬림도 마찬가지로 블랙 아프리카를 '다름의 패러다임'으로 인식했다.

이번에는 반대로 아프리카와 '흑인종'을 정의하려고 시도하는 사람들에게 북아프리카가 하나의 문제로 등장한다. 제국주의 시대의 유럽 사람들은, 사이드가 주장하는 것처럼, 이 지역을 몰락하는 동양의 한 부분으로 인식했을 수도 있다. 하지만 남쪽에서 오래전부터 원시적인 생활을 하면서 '부족'을 이루고 사는 지역과는 대조적으로, 이 북아프리카 지역은 기록된 역사를 갖고 있었다. 19세기 범아프리카주의자들은—이들 대부분은 아프리카를 '구원'하려면 아프리카인들이 기독교로 개종해야 한다고 믿었다—종교 문제, 즉 이슬람에 대한 태도에 따라 나누어진다. 블라이든과 같은 몇몇 사람들은 이슬람에 대해 상당히 좋은 인상을 가졌지만, 다른 사람들은 노예제도를 어느 정도 지지한 이 종교가 구원이라는 자신들의 사명감에 걸림돌이 된다고 간주했다. 영국의 전성기 빅토리아시대[15]는 인종적 신화의 하나로 '함족 가설'[16]도 만들어냈는데, 이 가설에 따르면 북쪽에서 온 하얀 피부의 침략자들이 (함족의 후예인) 블랙 아프리카에 문화와 문명을 전해준 장본인이다. 소외되어 있던 흑인을 보편적 역사에 포함시키려는 열망이 가득했던 초기의 많은 범아프리카주의자들은 이런 가설도 받아들여, 아프리카 문화와 중동의 기독교 발상지를 연결하는 맥락으로 이용하고자 했다.

인류가 서로 연결되지 않은 별개의 인종으로 분리될 수 있다는 19세기의 관념은, 유전학자들과 역사학자들 사이에서 더이상 인정되지 않는다. 아프리카 전역에 본질화된 '아프리카 문명'이 퍼져 있다는 거대 이론들도 마찬가지로 설득력을 잃었다. 그런데도 아프리카를 정의하는 문제는 여전히 해결되지 않고 있으며, 아프리카 역사학자 중 대표적인 두 사람이 쓴 최근의 책은 이 논쟁의 연장선상에 있다. 존 아일리프(John Iliffe)[17]의 『아프리카인들*Africans: The History of a Contient*』은 '한 대륙의 역사'라는 부제에서 알 수 있듯이 사하라사막 남쪽과 북쪽이 모두 포함된 대륙 전체의 아프리카 역사를 다룬다. 이와는 반대로 프레더릭 쿠퍼(Frederick Cooper)[18]는 『1940년 이후의 아프리카*Africa since 1940*』에서, 아프리카를 다른 지역과 구별 짓는 것은 사하라 이남의 아프리카라고 주장하면서 북아프리카를 제외한다. 많은 역사학자는 대륙의 반대편 남아프리카에 이주해 산업화를 이룬 백인들의 역사를 아프리카 역사로 볼지를 주저한다(아일리프는 남아프리카 현대사를 책 마지막 부분에 독립된 장으로 배치한다). 이 두 책 모두 관행대로 거대한 인도양의 한 섬인 마다가스카르를 아프리카의 한 부분으로 포함시키기는 하지만, 역시 관행대로 언급은 거의 하지 않는다.

다른 학자들은 아프리카 역사를 대륙의 가장자리에 머무르게 할 것이 아니라 '블랙 대서양(black Atlantic)'까지 확대해서 디아스포라 문제를 포함시켜야 한다고 주장한다. 이중 어떤 의견도 옳다거나 틀리다고 할 수 없다. 앞에서 아프리카 개념의 형성 과정을 논하며 디아스포라의 중요성에 대해 이미 언급했지만, 아프리카 역사에서 차지하는 디아스포라의 폭넓은 역할에 대해서는 뒤에서 다시 살펴보겠다. 문화, 역사, 지리 측면에서도 북아프리카를 아프리카의 일부로 볼 수 있지만, 지중해, 서남아시아 또는 중동의 일부로 볼 수도 있다. 우리는 적어도 북아프리카가 다양한 문명권에 속한다는 주장에 동의한다. 더욱이 이제는 '인종', '부족', '친족 체계'와 같이 외부 사람들이 아프리카 사회를 뜯어 맞추던 다양한 프레임들이 폐기되었거나 문제시되고 있다. (그러나—뒤에 살펴보겠지만—1950년대 이후 이 대륙의 역사 복구에 매우 다양한 시각이 생겨났고 이 과정에 아프리카 개념이 강하게 반영되어 있어, 이제 이 개념 자체를 폐기하기는 어렵게 되었다.)

대륙의 모습: 환경과 역사

'아프리카'는 잘 만들어진 추상적 개념일지도 모른다. 그러나 그것은 인간의 역사가 펼쳐지는, 다양한 환경과 풍광이 갖춰진 물리적 현실이기도 하다. 기후 변화, 인구 증가, 기아, 생태계 위기 등에 대한 관심이 높아짐에 따라 환경사가 최근 유행인바, 이 관점에서 아프리카를 살펴보자. 1995년에 출간된 존 아일리프의 『아프리카인들』에서는, 아프리카 대륙의 인구학적 역사를 기본 골격으로 삼고, 인간 종 전체의 대표로서 세상에서 가장 열악한 지역을 식민화한 아프리카인의 개척자 역할을 무척 강조한다. 오래된 바위, 척박한 땅, 변화무쌍한 강우, 헤아릴 수 없이 많은 벌레, 마구 퍼지는 질병 등 험한 환경에서 지속되는 사회를 세웠다는 것은, 아일리프의 주장처럼. 역경을 극복한 승리를 뜻한다. 하지만 그 승리는 어렵게 이룬 것이었으며, 엄청난 고통과 지속되는 빈곤을 그 대가로 치러야 했다. 아일리프는 "오늘날 당면한 문제들을 아프리카 대륙의 그 기나긴 역사 속에 반영하여 이해할 때가 되었다"고 말한다.

과거를 규정하는 것은 현재의 우리 인식이라는 명제는 이제 일반화되었고 진부하기까지 하다. 근대 역사 서술의 주춧돌 중 하나로 유명한 에드워드 기번의 『로마제국 쇠망사*Decline and Fall of the Roman Empire*』는 18세기 후반 대영제국이 쇠퇴할 당시의 우려가 반영된 것으로 이해된다. 아마도 그럴 것이다. 그러나 의심의 여지 없이 분명한 사실은 지난 50년 동안 아프리카 역사 분야가 이 대륙의 요동치는 운명에 영향을 받았다는 점이다. 1960년대 식민 지배에 대항한 해방 투쟁과 독립국가 건설에서 영감을 받았던 선구자적 세대의 역사학자들은 정치적인 역사, 특히 토착 아프리카 국가들의 역사에 초점을 맞추는 경향이 있었다. 1970년대에는 정치적 혼란과 경제적 몰락이 주요 관심사가 되면서 경제사가 시선을 끌게 되었고, 뒤이어 사회사에 대한 관심이 높아지면서 '위인'의 활동에 초점을 맞추었던 좁은 시각이 평범한 사람들의 생생한 경험으로 옮겨갔다.

우리는 문화사와 지성사로 향하는 최근의 '전환'을 포함하는 다양한 관점에서 이런 추이를 다시 검토할 것이다. 아프리카 역사 편찬은, 여기서 간단하게 요약하는 것처럼 직선적으로 변화한 것이 아니기에 많은 생각이 겹치기도 하고 논쟁의 소지가 있는 관점들이 뒤섞여 있어 당연하게도 훨씬 더 복잡하다. 이런 복잡성은 아프리카에 대해 생각하는 방식이 계속 변화하고 있음을 상기시킨다. 사고방식의 변화는 물리적인 환경의 진화만큼이나 확실하다. 제임스 매캔(James McCann)[19]이 이 주제에 대한 최근 연구에서 언급하는 것처럼, "환경사와 풍광사 역시 하나의 역사로, 아프리카 문화와 식민정부가 이 대륙을 어떻게 보여줄 것인가라는 문제를 천착하면서 사용했던 개념, 인식, 관습의 역사다". 달리 말하자면, 우리는 아직도 아프리카에 대한 만들어진 또는 상상된 개념을 마무리짓지 못하고 있다.

이제 아프리카가 어떤 모습인지 살펴보자. 지형으로 보면 아프리카는 다른 대륙들보다 덜 극단적이다. 모로코와 알제리에 아틀라스산맥이 있고, 고지대로 이어진 줄기가 에리트레아 남쪽에서 시작해 리프트 밸리(Rift valley), 대호수 지역을 지나 남아공의 드라켄즈버그까지 뻗어 간다. 적도 부근에 있는 높이 5,895미터의 유명한 킬리만자로산은 정상이 만년설로 덮여 있는데, 근래 지구온난화로 눈에 띄게 녹아내리는 중이다. 이 대륙에서 1,500미터가 넘는 지역은 단지 4퍼센트에 불과하며, 그중의 절반은 에티오피아와 에리트레아의 아비시니아고원에 있다. 이 대륙의 중심부는 오래되고 광활한 암석층 고원으로, 동쪽으로 갈수록 높아지지만 넓은 충적 평야가 대부분이다. 암석과 마찬가지로 아프리카 토양도 오래되어서 농사짓기에 매우 척박하다.

잘게 나뉘어 있는 동부의 고원지대를 벗어난 곳에서는 적도에서 남북 양쪽 방향으로 강우량이 줄어들면서, 위도에 따라 현격히 다른 기후대가 형성된다. 적도 북쪽을 살펴보면, 콩고분지의 적도 열대우림과 서아프리카 해안에는 삼림이 우거지고, 그 위로는 사바나 초원이 펼쳐진다. 그다음에는 반건조 사헬 지역, 광활한 사하라사막, 그리고 맨 끝에는 북아프리카의 습한 지중해 연안이 있다. 적도에서 남쪽으로 살펴봐도 같은 패턴이 반복되는데, 사바나 지대가 펼쳐지다가 중부 칼라하리사막과 서쪽의 나미브사막이 이어지고, 그다음은 남아프리카의 케이프(Cape)까지 온대성 기후다.

이런 생태계들은 실제로 사람이 살아가기에 매우 척박한 경우가 많았다. 개간하기 어려운 지형, 극한적인 기후, 수많은 질병 등 이 모든 것들이 아프리카에 역사적으로 인구가 많지 않았던 이유다. 분산되고 정착하지 못했기 때문에 중앙에 집중되는 정치체제의 국가를 수립하려던 야심가들의 역량이 제한되었다. 그러나 오늘날 환경이 인간의 역사 과정을 실질적으로 **결정**했다고 주장하는 역사학자는 거의 없다. 예전에는 그렇게 믿기도 했다. '환경 결정론'은 제국주의 시대에 아프리카에 대한 유럽의 인식과, 그보다 오래된 열대지방에 대한 모슬렘의 인식에 토대가 되는 개념이다. 말하자면, 종족적인 특성들은 환경 조건에 따라 결정된다는 믿음이 통념이 되어, 블랙 아프리카의 후진성은 바로 이러한 '무기력하게 만드는' 열대성 기후가 그 근본 원인이라고 생각되었다.

그리고 세상 어디에도 적도의 밀림보다 더 힘든 곳은 없다고 여겨졌다. 인간의 손이 닿지 않은, 접근할 수 없는, 단조로운, 그리고 무엇보다 어두운 '정글'이 극도의 원시성을 키운 것처럼 보였다. 아프리카의 풍광에 대해 아직도 지속되는 이 대중화된 신화는 여러 가지 방식으로 재현되고 있다. 빅토리아시대의 여행 문학에서부터 조지프 콘래드(Joseph Conrad)[20]의 유명한 중편소설 『어둠의 핵심*Heart of Darkness*』, 1920년대 듀크 엘링턴(Duke Ellington)[21]의 '정글 뮤직(Jungle music)', 그리고 콩고민주공화국의 정치적 폭력 사태에 대한 당시의 르포까지, 아프리카의 '타자성(otherness)'[22]의 은유로서 이 신화는 아직도 계속되고 있다.

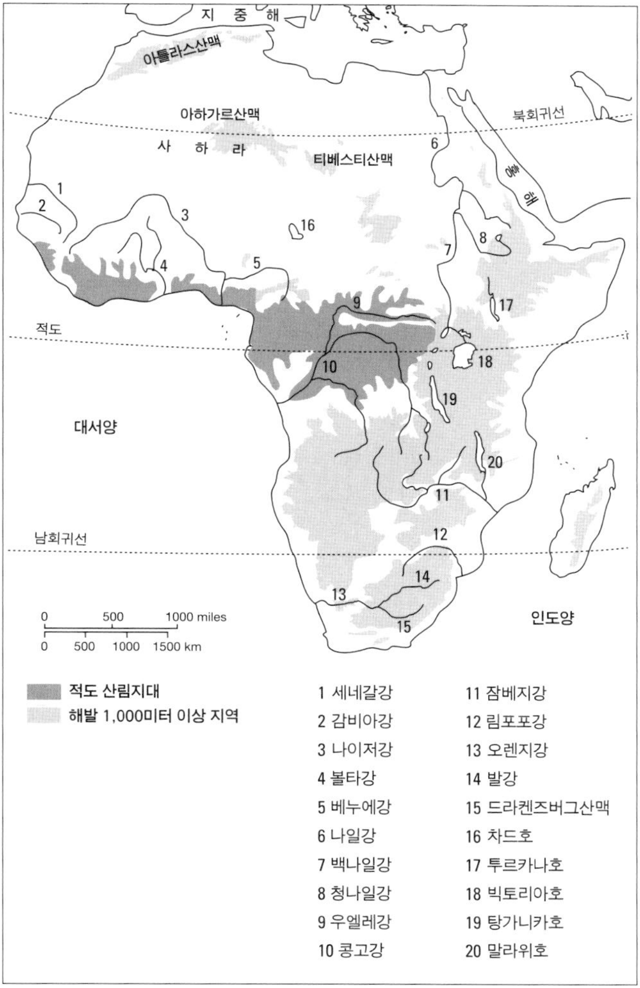

지도 1. 아프리카의 주요 지형

아프리카의 생태계는 엄청나게 다양할 뿐 아니라, 오랜 세월 동안 일정한 방식으로 매년 계절의 리듬에 따라 항상 바뀌어왔고 아직도 바뀌는 중이다. 사람들이 모여 사는 지역의 풍광은 '인위적으로', 인간 활동의 결과로 그 모양이 형성되었다. 외래 종자의 도입으로 농경 방식이 바뀌었으며, 보리와 밀은 수천 년 전 아시아에서 아프리카 북쪽으로 들어왔고, 바나나는 첫번째 밀레니엄 동안 동남아시아에서, 옥수수와 카사바는 1500년대에 아메리카에서 건너왔다. 오늘날의 아프리카에는 콘크리트, 유리, 나무, 골 진 철판들을 사용하여 건설한 도시의 풍광도 보이며, 이 대륙 사람들의 거의 절반이 이런 도시에 살고 있다.

아마도 가장 극적인 환경 변화는 사하라사막이 밖으로 뻗어가는 사막화일 것이다. 약 1만 년 전에 열대 아프리카 기후는 많은 비가 내리는 시기로 접어들어 약 5천 년에 걸쳐 사하라에 호수, 강, 울창한 초원이 만들어졌으며, 이런 환경을 터전으로 하여 많은 지역에 사람들이 거주할 수 있었다. 인류학적 증거들에 따르면 이 시기가 끝나갈 즈음 사하라 사람들은 사냥, 낚시, 채집을 주로 하다가 가축을 키우고 농사를 짓는 정착 생활로 바꾸기 시작했으며, 바위에 그려진 세련된 그림 같은 아프리카의 가장 초기의 예술품들을 생산했다. 말리 동북부의 아드라르 데 이포라(Adrar des Iforas)[23], 알제리의 아하

지도 2. 오늘날의 아프리카 국가들(2007)

가르(Ahaggar)와 타실리(Tassili)같이 산이 많은 사막 지역에서는 아직도 그 유적들을 볼 수 있다.

약 5천 년 전부터 강우량이 줄어들기 시작했고, 수천 년 동안 오늘날 우리가 보는 바와 같이 사하라는 큰 사막이 되었다. 사막화 과정은 인간의 정착 생활에 다양한 방식으로 영향을 끼쳤다. 유목민들과 농경민들은 남쪽 동아프리카와 서쪽의 삼림지대 주변으로 밀려났고, 그들의 식량 생산 기술 또한 같이 이동했다. 다른 쪽에서는 건조한 평원에서 비옥한 나일강 계곡으로 이동할 수밖에 없었으며, 그렇게 이루어진 인구 집중은 상이집트와 하이집트에 아프리카 최초의 중앙 집중화된 왕국이 출현할 수 있는 배경이 되었다. 좀더 들어가 보면, 이런 사막화가 사하라사막 이남 아프리카와 유라시아 대륙 사이에 거대한 장벽 역할을 하게 되었고, 낙타를 가축화하여 사하라를 넘나드는 첫번째 밀레니엄이 시작될 때까지 두 지역은 서로 고립되어 각자의 문화를 전개해나갔다.

아프리카의 개념 그리고 아프리카 역사 형성에 환경이 어떤 역할을 했는지 좀더 검토하기 위해, 사막 장벽의 남쪽 가장자리에 있는 한 지역에 초점을 맞춰보자.

중부 니제르: 도시화, 시민사회, 제국 전통

1938년, 아마추어 고고학자이자 교사인 비에이야르(Vieillard)는 프랑스 서아프리카 수단 식민지(오늘날 말리)의 젠네(Jenne)시에서 남쪽으로 3킬로미터 떨어진 지점의 옛날 주거지 주변에서 발굴 작업을 진행했다. 이곳은 여러 방치된 지역과 고분 중 하나로, 젠네케(Jenneké) 방언을 쓰는 부근의 주민들은 니제르강에 의해 형성된 이 내륙 삼각주 지역을 '옛날의 젠네(ancient Jenne)'라는 뜻으로 '젠네제노(Jenne-jeno)'라 불렀다. 이 지역을 조사한 비에이야르가 탐사 보고서를 발표했지만 그 누구의 관심도 끌지 못했고, 젠네제노는 학자들과 도굴꾼들에게조차 알려지지 않았다. 그후 1977년 말리가 독립한 지 17년이 되는 해에 이 지역에 대한 고고학적 연구가 시작되었고, 30년이 지난 시점에는 젠네제노가 아프리카에서 가장 중요한 역사적 장소 중 하나가 되었다. 이 지역은 약간의 점토 조각상 외에는 기념이 될 만한 폐허도 없고 볼만한 인공물도 전혀 없었다. 그런데 이곳을 파헤치자, 젠네제노가 사하라 이남에서 지금까지 알려진 도심지 중 가장 오래된 곳으로, 기원전 3세기에 세워져 1,600년간 지속되었다는 사실이 밝혀졌다. 이 발견으로 중부 니제르 지역의 역사를 다시 쓰게 되었으며, 아프리카 도시의 과거에 대한 우리의 관점을 수정할 수밖에 없었고, 전 지구적인 맥락에서 도시의 출현에 관한 기존

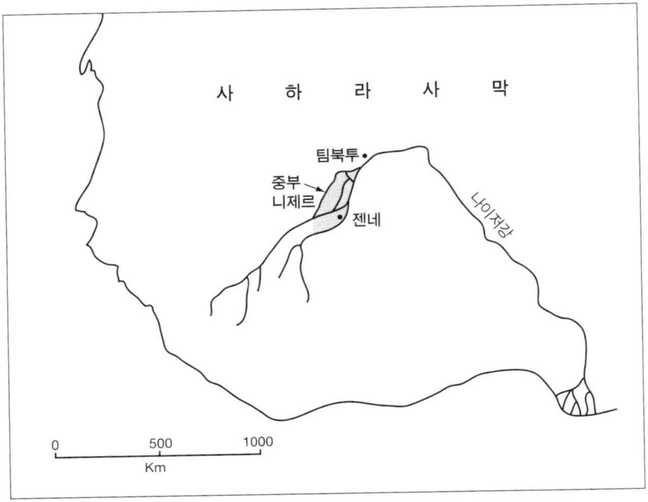

지도 3. 서아프리카 중부 니제르 지역

의 생각들을 재검토하게 되었다.

우리가 다음에 다룰 주제들, 즉 정체성 문제, 사료 문제, 아프리카 역사의 내적 외적 역학 관계의 긴장 등을 설명함에 있어, 젠네제노 이야기는 그 도입부로 제격이다. 2천 년이 넘는 중부 니제르의 역사는 20세기 초반 50년간 프랑스 역사학을 주도한 아날학파의 통찰—장기 지속[24]된 뿌리 깊은 흐름과, 특정한 시간과 장소에서의 망탈리테(mentalité)[25]에 중점을 두었던—을 적용하여 그 역사를 복구할 수 있는지 가늠해볼 수 있는 소재이기도 하다.

니제르강의 중부는 아프리카에 대한 인식에 있어 오랫동안 매우 중요한 지역이었다. 이 지역은 아랍어 사용자들이 사헬(Sahel, 아랍어 의미는 '경계', '주변')이라 부르는 사하라 남쪽 가장자리 불모지대로, 서기 8세기에서 16세기까지 세 제국, 가나, 말리, 그리고 송하이가 잇따라 서부 수단의 정치권력을 장악했던 곳이다. 지배 세력이 통제하는 금을 거래하면서 높은 수익을 올렸던 무슬림 상인들이 다양한 기록을 남겼고, 이를 통해 가나가 처음으로 8세기 말에 역사시대로 접어든다. 6세기 후반에 포르투갈 뱃사람들을 기니만으로 유혹한 사업도 이 바로 이 금 교역이었다. 사하라사막을 횡단하는 교역과 이슬람의 정치적 수완은 수단 지역[26]에 제국 건설을 가능하게 했고, 가나의 후계자들을 흥성하게 했으며, 내륙 삼각주의 남

2. 예술작품과 같은 도시 건축물. 젠네(현대의 말리)에 있는 한 집.(1905년)
서부 아프리카 사헬과 사바나 지역에 지어진 진흙 건축물로, '수단 양식'의 좋은 예. 서아프리카 사진가 프랑스인 에드몽 포르티에(Edmond Fortier, 1862~1928)가 찍은 사진으로 식민지 시절 초기에 우편엽서로 출판되었다. 세네갈에 근거지를 두었던 포르티에는 1900~1910년에 약 3,300장의 사진을 찍었다.

부에 있는 젠네와 북쪽의 전설적인 팀북투(Timbuktu) 같은 사막 주변의 물자 집산지가 형성되는 배경이었다.

이런 식의 서술은 잘못된 것은 아닐지 모르겠지만 아무래도 낡은 방식의 역사 서술이다. 아프리카 역사가 학문으로 자리잡기 이전부터, 가나-말리-송하이제국의 연속된 흥망사는 아프리카 대륙의 과거를 논할 때 항상 중요한 장면으로 등장했다. 초기의 아프리카계 미국 학자들과 호의적인 식민지 행정가들에게는 이 거대한 제국들이 희미한 아프리카 역사에서 가장 선명하게 보였다. 아프리카 전문 역사학자들의 소위 '민족주의(nationalist)' 세대들이 보기에도, 가장 중요한 것은 바로 이런 국가들이었다. 아프리카가 유럽 제국주의의 신화로 왜곡되었던 원시 부족 지역이 아니라, 국가를 수립할 수 있을 정도로 오래되고 고귀한 전통을 가졌다는 사실을 강조하면서, 아프리카를 '탈식민화'하는 것, 말하자면 식민 사관을 털어내는 것이 이들의 주요 관심사였다. 가장 눈에 띄는 국가 수립의 역사는 수단 지역의 거대한 말리제국에서 볼 수 있다. 만사무사(Mansa Musa, 1312~37)[27]가 재위하던 전성기에는 광대한 지역을 지배하였고, 그 부와 영향력은 유럽과 무슬림 세계에 널리 알려져 있었다.

역사학자, 예술사학자, 인류학자들이 참여한 최근의 고고학 연구는 이런 식으로 정착된 역사 서술을 재검토하게 했다.

첫째, 중부 니제르 지역의 도시들은 구비 전승이나 아랍어 기록들이 밝힌 것보다 훨씬 이전에 출현했다는 사실이 젠네제노 발굴을 통해 드러났다. 이 지역은 고립되고 후미진 곳이 아니라 가장 최근에 발견된 고대 도시 문명 유적이다. 둘째, 수단 지역 서아프리카의 '복합 사회(complex society)'[28]를 발전시킨 촉매제가 외부의 힘이라는 오래된 가정이 오류인 것으로 완전히 판명되었다. 북아프리카 상인들이 이곳에 드나들기 훨씬 이전부터 젠네제노는 활발한 상업 네트워크에 속했다. 셋째, 토착 도시 문화는 매우 독특한 형태를 띠고 있었다. 요컨대, 다른 지역에서는 정치권력과 성직자의 권위가 중앙에 집중되었다는 증거로 기념비적인 건축물들을 들 수 있지만, 이 지역의 오래된 도시에서는 이런 것들을 전혀 볼 수 없다. 고고학자 로드릭 매킨토시(Roderick McIntosh)에 따르면, 중부 니제르 문명의 핵심은 위계에 따른 계급 체계(anarchy)가 아니라 '다원적인 협력 체계(heterarchy)'[29]였다. 달리 말해서, 중부 니제르 문명이 대단한 이유는, 제국을 건설했던 영광의 역사가 아니라, 강압적인 국가 권력에 의지하지 않고서도 사회를 구성했다는 데 있다.

'장기 지속'된 중부 니제르의 역사는 열악했던 물리적 환경뿐 아니라 복잡다단했던 인문적 환경도 능숙하게 관리했다. 자연환경과 관련해서 매킨토시가 지적했듯이 '황량한 사하라

나라 이름들의 유래

새로운 나라들이 역사적인 명칭을 빌려올 때 혼란을 불러올 수 있다. 유럽 식민 시대의 용어들을 없애고 진정한 아프리카 역사에 적합한 이름들을 사용하고자 했지만, 역설적이게도 이런 오래된 이름들 중에는 외부의 관찰자들이 만들어낸 명칭들이 포함되어 있다. 이집트, 리비아, 에티오피아는 그리스어에서 유래했고, 모로코와 모리타니아(그리고 '무어Moors'라는 용어)는 북아프리카의 '부족' 중 하나를 지칭하는 라틴어에서 유래했다.

황금해안의 영국 식민지는 독립할 때 가나(Ghana)를 국명으로 채택했는데, 이 아랍어 단어는 와가두(Wagadou) 왕국의 통치자를 의미했다. 그러나 이 와가두 왕국은 현재의 가나공화국이 있는 지역과는 무관하며 북쪽으로 천 마일 넘게 떨어져 있는 오늘날 말리와 모리타니아 부근에 자리하고 있었다. 좀더 역사적인 맥락이 통하는 명칭은 '흑인들의 땅'을 뜻하는 아랍어(빌라드 아스수단 bilad as-Sudan)에서 유래한 '수단'이지만, 수단 지역 전체('sudanic' zone)의 서쪽(프랑스령 수단)은 말리가 되었으며, 동쪽(현재 북수단과 남수단 지역)만 수단이라는 이름을 계승하고 있다. 식민 시대 이후 아프리카 나라들 중 가장 눈에 띄는 개명은 아마도 상(上) 볼타(불어로 Haute Volta, 영어로 Upper Volta. 포르투갈어로 볼타는 선회, 복귀를 의미한다)를 부르키나파소(Burkina Faso)로 바꾼 일로, 그 뜻은 현지어로 '부정을 저지를 수 없는 자의 땅'이다.('놀라운', '눈에 띄는'이라는 표현은 부르키나파소가 워낙 부패가 많았던 곳이라 조롱조인 듯하다 — 역자 주)

3. 젠네제노의 한 고분에서 발굴된 말을 탄 전사 테라코타로 13, 14세기경 작품이며, 제국 전통이 의인화되어 있다. 기마술은 서아프리카 사바나 지역에서 권력의 중앙 집중화 강화에 종종 중요한 역할을 했다.

에 인접한 방대한 충적토 정원(garden)'을 유지했고, 인문적인 환경 측면에서도 이 지역의 다양한 집단들(소닌케, 말린케, 밤바라, 기타) 내에서 핵심적인 상징 가치를 공유하며 '민족 간 타협'을 통해 사회적 조화를 확립했다. 이러한 가치들 중에서 가장 눈에 띄는 것은, 지역사회의 자치(kafu)와 초자연적인 힘(nyama)의 개념이다. 이 가치들은 시간이 흐르면서 차후의 만데(Mande)[30] 문화에 통합되었고, 매킨토시가 제국 전통이라 명명한 계층적 권력에 기반한 정치는 이 문화의 저수지에서 흘러나온 한 갈래다. 가나 왕국을 통치했던 소닌케족은 만데 문화 그룹의 북쪽 일파에 속한다. 만데의 중심지에서 남쪽으로 융성했던 일파는 말렝케로, 이들은 13세기에 가나의 잔존 세력을 제압하고 새로운 권력 체계, 즉 말리를 세운다.

역사학자들은 제국 전통을 확인하기 위해서 고고학적 기록들 외에도 북아프리카 여행자들과 지리학자들이 아랍어로 쓴 지역 연대기(ta'rikh)와 만데 사람들이 직접 쓴 쿠마 코로(kuma koro, 옛날이야기)와 같은 다른 자료들을 참고할 수 있었다. 달리 말하자면, 서력으로 첫번째 밀레니엄이 끝나갈 무렵, 선사시대에서 역사시대로 접어든다. 그렇긴 해도 같은 시기의 중세 유럽, 인도, 중국 등지의 기록물과 비교하면, 이런 사료들은 매우 적고 단편적이다. 더군다나 남아 있는 것들조차도 역사학자들에게 해석의 문제를 안겨준다. 예를 들어 초기 역사학자들이 국가가 출현할 때 외부 요소(특히 사하라 횡단 교역과 이슬람)의 역할을 강조했던 것은 무슬림 방문자들과 연대기 저자들의 관점에 과도하게 의존했기 때문으로 해석된다. 반면 토착 구비 전승을 검토하는 것은 균형을 잡는 데 도움이 되기는 하지만, 거의 대부분이 20세기에 처음으로 채집된 것들이어서 많은 문제점을 내포하고 있다. 가장 유명한 만데의 쿠마 코로 모음집과 순자타(Sunjata) 서사시가 이와 같은 예에 속한다. 젤리 또는 그리오(griot)[31]라 부르는 시인 계급이 호메로스풍으로 부르는 일련의 노래들은, 순자타 케이타(Sunjata Keita)가 어떻게 소소(Soso)라는 주술사를 겸한 왕을 물리치고 말리제국을 건설했는지를 이야기한다.

서기 1100년 이후 젠네제노는 기울기 시작하여 1400년경에는 도시들이 폐허화된다. 그 원인은 명확하지 않지만 이 시기는 기후가 불안정했고 환경 스트레스(environmental stress: 주변 환경 요인이 생물 또는 생태계에 부정적 영향을 주는 것—편집자 주)가 있었다. 이는 말리의 성장기에 새로운 세력들이 생겨나 갈등이 정점으로 치닫게 했다. 말리 역시 후계자 문제 같은 내부 분쟁과 유목민들의 유입, 그리고 동쪽의 경쟁 세력인 송가이의 득세로 15세기경에 몰락하고, 제국적 세력들이 분산되면서 지역의 자치 세력들이 재편성되었다. 요컨대, 국가들은 수립되었다 사라졌지만 사회들은 보존되었다.

4. 제국 전통에 저항하는 레지스탕스. 말을 타고 칼, 창, 방패로 무장한 투아레그(Tuareg)족, 유명한 인디고 염색을 한 옷을 입고 터번을 둘렀다. 1906년 팀북투에서 에드몽 포르티에가 촬영. 투아레그족 연맹은 수십 년간 사하라 지역을 정복한 프랑스에 저항했으며(사진의 가운데 있는 사람이 1913년 팀북투에서 프랑스 군부대 공격을 주도했던 족장으로 보인다), 1980년대에는 말리 정부에 대항해 폭동을 일으켰다.

그러나 제국 전통은 아직 끝나지 않았다. 첫 밀레니엄에 '시민사회(civil society)'가 표면상으로 조화를 이룬 것과 달리 호전적인 국가 설립자들이 지역사회를 연달아 강압적으로 지배하면서, 이 지역의 후손들은 이후 4세기 동안 폭력에 휘말렸고 경제는 악화되었다. 먼저 모로코인 정복자들이 사막을 건너 1591년에 송가이를 제압했으며, 그다음에는 세구(Segou, 17세기)의 전사(戰士)이자 왕이었던 밤바라(Bambara)가 나타났고, 세쿠 아마두(Sekou Amadou, 1818~62)의 엄격한 이슬람 신권(神權) 정치, 우마르 탈(Umar Tal, 1860년대~90년대)의 투쿨로르(Tukulor) 제국, 프랑스의 식민 정부(1893~1960), 그리고 마지막으로 식민 시대 이후의 계승자로 중앙집권화한(수십 년간 군사 정권을 유지한) 말리공화국이 뒤를 이었다. 이런 정치 서사를 재구성하기는 쉬운 일이다. 개별적인 투쟁과 역사적 기록에 잠시 나왔다가 사라진 사회에 대한 역사는 그 밑에 가려 잘 보이지 않는다. 바로 여기에 그 층들을 원래의 상태로 복구하고 재현하는 데 있어 가장 큰 도전과 어려움이 도사리고 있다.

제 2 장

아프리카 사람들: 다양성과 통일성

앞서 아프리카 대륙의 규모가 물리적으로 엄청나다는 사실을 강조했는데, 이제는 우리를 주눅들게 할 정도로 다양한, 역사 탐구의 진정한 핵심인 아프리카 사람들에 대해 살펴보자. 아프리카라는 개념을 주의깊게 음미할 필요가 있었던 것처럼, '아프리카 사람들'이라는 개념에 대해서도 잘 생각해봐야 한다. 다시 말하지만, 아프리카는 하나의 대륙이며 그곳에 사는 사람들은 아프리카인이다. 이런 단순하고 포괄적인 정의도 나쁘지 않다. 그러나 이 역시 당연하게 받아들여서는 안 된다. 앞에서 보았듯이 아프리카에 대한 인식의 변화와 이에 대한 학문적 토론은 사실 아프리카 사람들에 대한 것이었다. 중세의 모슬렘 아랍인들 또는 제국주의 시대의 유럽인들이 아프리카를 역사가 없는 '미개한' 장소라고 묘사하는 기록을 남겼을 때, 이는 바로 아프리카 사람들이 미개하다는 의미였다. 오늘날에도 역사학자들은 '아프리카 사람들'이 행동하고 생각하는 것에 대해—아프리카 사람들이 과거에 행동했고 사고했던 것들에 대해서도—지나치게 피상적인 주장들을 지속적으로 접하게 된다. 이 아프리카 사람들이란 누구인가? 그리고 역사적으로 이들은 어떻게 정체성과 소속감에 대한 자신들 고유의 관념을 만들어냈는가?

다양성

동부 아프리카에서 발견된 유골을 통해, 인류가 400~600만 년 전에 침팬지 조상에서 분리되어 현생인류의 조상인 직립보행 영장류 호미니드로 처음 진화한 곳이 바로 이 지역이었다는 사실을 알 수 있다. 그러므로 아프리카에서의 인류 역사가 다른 어느 대륙에서보다 오래되었다는 단순한 관찰로 시작해보자. 이런 시간적 깊이(time-depth)[1]에 대한 증거를 부분적으로 보여주는 요소는 아프리카에서 발견되는 인종의 엄청난 다양성이다. 평범한 여행객들조차 오늘날 아프리카 대륙 어디를 가든 아프리카 사람들의 외모를 간단하게 일반화하기가 쉽지 않다는 것을 금방 알아차린다. 아프리카 사람들은—분명히 예전부터 항상 그랬을 터인데—키가 크기도 하고 작기도 하며, 뚱뚱한가 하면 날씬하기도 하고, 피부가 검은가 하면 밝기도 하다. 이런 시각적 인상은 불명확하지만, 과학적 증거들은 명확하게, 아프리카 사람들과 유럽 사람들 사이에서보다 아프리카 사람들 사이에서의 유전적 다양성이 더 크다는 사실을 보여주며, 다른 한편으로는 종족적 차이에 대한 사이비 과학들이 얼마나 터무니없는지 드러내면서, 단일한 '아프리카 인종'에 결부되는 특징들에 대해 의문을 제기한다.

그러나 이런 물리적인 속성이 우리의 많은 관심을 불러일으키는 다양성 중에서 얼마나 작은 부분에 불과한지 살펴보자. 우선 어지러울 정도로 다양한 아프리카 언어부터 시작하자. 언어들과 방언들 사이의 미묘한 차이로 인해 정확한 언어 숫자는 논쟁을 불러올 수 있지만, 언어학자들은 이 지역에 대략 1,500개의 언어가 있다는 데 동의한다. 이 언어들은 명확하게 대조되는 네 개의 큰 어족으로 나누어지며, 나이지리아에서만 300개가 넘는 언어가 사용된다. 그런데 우리가 알고 있듯이 많은 언어들과 방언들이 사라졌고 아직도 계속 사라지는 중이며, 스와힐리, 하우사, 링갈라와 같은 언어들이 지역 공용어나 외부에서 들어온 아랍어, 프랑스어, 영어, 포르투갈어 들로 대체되고 있다.

언어뿐만이 아니다. 아프리카 사람들은 역사적으로 아주 다양한 문화를 형성해왔다. '문화'란 해당 지역사회가 공유하는 이념, 믿음, 가치, 표현 방식 등의 총합이라고 넓게 정의한다면, 오늘날 아프리카를 여행하는 사람이나 밖에서 아프리카 문화를 소비하는 사람에게는 예술적 표현, 특히 음악, 무용, 조형예술, 건축, 의상, 신체 장식(bodily decoration) 등의 영역에서 이런 문화의 다양성이 무척 뚜렷하게 느껴질 것이다. 여러 예술 형식 중에서도 특히 음악은 아프리카 대륙에서뿐 아니라 전 세계의 무대에서도 지난 한 세기 동안 가장 역동적이었다. 미국에서 아프리카 리듬에 유럽의 노래가 혼합되어 세계에서 가장 인기 있는 음악으로 변형되었고, 블루스, 재즈, 삼바, 쏜[2], 록, 소울, 레게, 랩을 탄생시켰다. 이런 음악 혁명은 이 대륙으로 되돌아가서 알제리의 라이(rai)에서 서아프리카의 하이라이프(highlife), 콩고의 룸바(rumba), 남아프리카의 타운십[3] 재즈까지 새로운 대중 스타일을 탄생시켰으며 지금도 계속 탄생시키고 있다.

아프리카인들은 다양한 종교를 믿거나—지구상의 다른 회의적이고 고집스러운 이들과 다를 바 없이—의구심을 품어왔다. 이 종교들은 셀 수 없이 많은 토착신앙들부터 소위 세계종교라는 이슬람과 기독교 같은 종교들의 신앙 체계까지 범위가 다양하다. 이들 세계종교는 다양한 형태로 나타나며, 그

중 일부의 역사에 아프리카인들의 독특한 신앙이 영향을 끼치기도 했다. 세계종교에 아프리카 사람들의 혁신이 반영된 예도 얼마든지 있다. 20세기 초 세네갈에서 시작된 무슬림 제자단(Muslim Murid Brotherhood), 또는 나이지리아 남동부의 알라두라 교회(Aladura church)와 같은 많은 단체들이 이제는 유럽과 남미의 도시들에 그 뿌리를 내렸다. 이 대륙에서 가장 큰 규모의 영적 수출도 이뤄진다. 브라질과 카리브 연안의 '부두(voodoo)', 산테리아(santería), 칸돔블레(candomblé), 그리고 다른 혼합 종교들의 기원이 되는 서아프리카의 유일신 보둔(vodun)과 오리샤(orisha)가 대표적이다. 기독교와 무슬림의 강력한 전파와 그에 굴하지 않는 토착신앙의 놀라운 생명력은 아프리카 역사 연구에서 점점 중요한 주제가 되고 있다.

정치체제 측면에서도 아프리카는 매우 다양한 국가 형태를 취하고 있다. 절대왕정부터 정반대로 귀족이나 명확한 신분계급이 없는 사회까지 다양했으며, 인류학자들은 이 체제들을 '국가 없는(stateless)' 또는 '아세팔루스(acephalous, 문자 그대로 머리가 없는)'라 묘사했다. 여행자를 비롯한 외부인들은 자신들이 왕, 칼리프, 또는 술탄의 지배를 받으면서 성장했기 때문에 아프리카 왕국을 자신들이 알아왔던 국가의 형태로 이해하는 데 익숙했다. 이런 그들의 반응은, 예를 들어 19세기에 유럽인들이 강력했던 아샨티(Asante, 오늘날의 가나) 왕 또는 부간다(Buganda, 우간다) 왕을 만난 후 남긴 기록을 보면 쉽게 파악할 수 있다. 영국이 조약을 체결하기 위해 파견한 특사 토머스 보디치(Thomas Bowdich)는 1817년 5월, 아샨티 수도 쿠마시(Kumase)에서 그 권력자들을 만난 후, '형용할 수 없을 정도로 압도되는 인상'을 받았다고 기록했고, '자신들이 회유하기 위해 방문한 군주의 권력과 영향력'을 강조하기 위해 장엄하다, 호화롭다 같은 표현들을 사용했다.

그러나 통치자가 누구인지 알 수 없는 사회를 경험한 국외자들은—국가의 형태를 갖춘 이웃 아프리카 지배자들도 마찬가지로—그 사회가 정치적인 질서를 갖추었다기보다는 원시적인 무정부 상태에 놓여 있다고 속단해버렸다. 시간이 흐르면서 좀더 지속 가능한 이해방식이 생겨났다. 지도자를 세우지 않은 사람들도 실상 권위에 복종하고 있었으며, 법이 있었고, 무정부 상태와는 거리가 멀었다. 이런 사회들은 저마다 달랐고 시간이 지남에 따라 변화했지만, 소위 '분절 단위'(가족, 씨족, 나이 그룹, 종교의식)를 대표하는 사람, 대부분의 경우 나이 많은 사람에게 항상 권위가 부여되었다. 일부 관찰자들은 이런 형태를 '평온한 공동체'라고 묘사했다. 그렇지만, 남녀 차별 또는 다른 형태의 사회적 차별이 드물지 않았다는 점과, 협의를 통한 경우만큼이나 강압에 의해 질서가 유지된 경우도 있었음이 분명하다. 유럽의 식민 지배라는 폭력이 있기 전에는 아프리카 사람들이 조화로운 촌락 공동체에서 생활했다거나 자애로운 왕의 지배를 받으면서 살았다는 관념은 사료로 확인되지 않을뿐더러 이런 일부 주장들은 이 대륙 역사의 복합성을 이해하는 데 방해가 된다.

역사학자들은 아프리카의 모든 지역에서 언어, 문화, 정치의 다양성을 확인할 수 있다. 이러한 만화경 같은 다양성은 역사적 과정의 변화를 만드는 요인이기도 하고, 변화의 결과이기도 하다. 이런 다양성은 그냥 우연히 생겨난 것도, 태곳적부터 정해져 있었던 것도 아니다. 수천 년간 사람들이 이동하고, 정복하고, 복종하고, 문화를 교류하고, 먼 지역과 교역하고, 종교적인 믿음을 전파하고, 식민주의가 발흥하고 몰락하는 과정, 성적 매력으로 이질감이라는 장벽을 뛰어넘거나 허무는 동화 과정 등을 통한 결과다. 이런 복잡한 인간사 태피스트리를 연구하면서, 초기 아프리카 역사학자들은 물리적으로 엄청난 규모의 이동, 즉 이주(migration)라는 개념에 초점을 맞추려고 집착했지만, 현대의 고고학자들과 언어학자들은 개념, 언어, 문화, 기술(技術) 등이 시간과 공간을 넘어 점차적으로 전파된 과정에 더 주목하고 있는 듯하다.

'북아프리카 사람'이란 무엇을 의미하는가에 대한 생각을 통해 이런 현대 학자들의 관심 중 일부를 구체적으로 볼 수 있다. 현대의 북아프리카 사람들은 고대 그리스, 페니키아, 로마

이주민 등이 섞인 토착 베르베르인과 이집트인의 후손이면서, 아랍의 침입자들, 오랜 기간 머무른 유대인 사회, 이베리아반도에서 되돌아온 무어인, 장거리 교역을 하던 노예상인들에 의해 지중해 쪽으로 밀려난 사하라 이남의 아프리카인, 그리고 좀더 최근에는 프랑스와 이탈리아 본토뿐만 아니라 코르시카, 몰타, 사르디니아, 시칠리아같이 문화적으로 다른 섬들로부터 유입된 유럽인 이주민들과도 섞여 있다. 이런 배경에서 매우 뛰어난 문화유산뿐 아니라, 고립된 '근친교배'와는 상반되는 건강한 유전자 풀이 형성되었다.

그러나 유전자의 역사가 우리에게 말해주는 것은 이 정도로 그친다. 혈통의 이러한 다양성은 자극과 갈등을 서로 주고받으면서 독특한 문화들이 오랫동안 숙성되고 있었다는 사실을 함축한다. 예술, 건축, 음악 양식, 요리 그리고 지적이거나 영적인 형상물에서도, 오늘날 우리가 '퓨전'이라 부르는 것들을 쉽게 볼 수 있다. 예를 들면, 마그레브(모로코, 알제리, 튀니지로, 아랍어로 '서쪽 지방'을 뜻한다)의 고전음악에서, 중세 안달루시아, 사헬, 페르시아의 흔적을 쉽게 볼 수 있다. 마찬가지로 북아프리카 요리를 분석해보는 것도 재미있다. 지중해 남부 해안의 맛에는 지중해 북쪽과 동쪽의 맛이 섞여 있는데, 예를 들면 건포도, 올리브, 향신료, 고기가 혼합된 모로코의 타진(tagine)이 그중 하나다.

5. 시나르(signar, 포르투갈어 세뇨라senhora에서 유래) 또는 '세네갈풍의 여인', 르네 드 빌뇌브(Rene de Villeneuve)의 『아프리카 또는 아프리카 사람들의 역사, 풍습, 관습, 의상』(파리, 1814)에 실린 그림이다. 독립한 아프리카인 또는 유럽-아프리카 상인인 시나르들은 유럽인들과 맺은 결혼과 상업 관계를 이용하여, 노예무역 시대의 물류 기지인 고레(Gorée)섬과 생루이(Saint-Louis)에서 부(富)와 영향력을 축적하였다.

인정하건대 북아프리카의 경우는 아프리카는 말할 것도 없고 전 세계적으로도 유난히 이러한 예가 많다. 기록들이 모자라기 때문에 시간적 깊이와 구체적인 특징들을(3장 참조) 알아내기가 쉽지 않지만 대부분의 아프리카인 역사는 여러 기원들이 혼합되어 있다는 사실에 주목해야 한다. 식민 시대 이전에도 외부 세계, 이웃한 사회, 또는 좀더 멀리 있던 '타자'들이 거쳐가지 않은 아프리카 땅은 거의 없다. 물론 물리적으로 격리되어 접촉이 거의 없었던 몇 가지 예외도 있다. 그렇기는 해도 '피그미족'이 오늘날 콩고민주공화국 이투리(Ituri) 지역의 적도 우림 깊은 곳에서 영위한 생활이나, 산족(San, 또는 부시먼Bushman)이 남아프리카 칼라하리(Kalahari)사막에서 이어간 생활은 단순한 우연의 결과로 볼 수는 없다. 이들의 고립은 좀더 개량된 무기를 갖추고 반복해서 강탈하는 적대적인 외부인을 피하기 위해 고안한 전략의 결과이거나, 기름진 경작지, 목초지 또는 사냥터를 차지하려는 강력한 세력들이 그들을 주변 지역으로 쫓아낸 결과였다. 지구상에서 가장 혹독한 환경 중 하나에 훌륭하게 적응한 산족의 삶을 낭만적으로 묘사하는 '뉴에이지(new age)' 경향도 있지만, 더 좋은 환경에 정착할 수 있었더라면 산족은 당연히 그렇게 했을 것이다.

낮은 수준의 기술을 이용하여 불안정한 환경에서 근근이 생계를 유지하며 흩어져 생활하는 아프리카의 사회들은 낭만

주의자들이 우리에게 보여주는 것과 같이 영원히 변하지 않는 '석기시대 생존(stone age survival)'[4] 게임이 아니다. 계층화된 국가 시스템을 갖지 않은 사회가 그런 시스템을 가진 사회보다 덜 '진보'했다고 간주해서는 안 된다. 식민 시대의 인류학자들은 사회 시스템이 어떻게 발전했는지를 이해하기 위해, 고립되었거나 국가 시스템을 갖지 않은 사회를 이상적인 표본으로 취급했다. 그러나 최근의 연구에 따르면 아프리카의 집중화되지 않은 많은 사회들은 거대한 왕국과 마찬가지로 왕성한 역사적 활력의 결과였으며, 거기에는 국가를 수립하고자 했던 세력에 적극적으로 저항한 독립적인(여성이 포함된) 개척자들도 있다. 우리가 중부 니제르에서 살펴본 것처럼, 강하고 약탈을 일삼는 국가들이 번영하고 쇠락하는 동안에도 독립적인 공동체와 문화는 종종 살아남았다.

이런 모든 사항들이 시사하는 바는, 아프리카의 과거와 현재에 대한 (전부는 아니더라도) 대부분의 일반화는 실패할 수밖에 없다는 점이다. 이것 또는 저것이 '정통'이냐 '비정통'이냐, 또는 어떤 개인이 순수한 혈통이냐 아니냐라는 질문도 이와 마찬가지로 질문자의 이념적인 진술로 이해할 필요가 있다. 누구는 아프리카 역사의 주역으로 인정하고 누구는 제외하는 방식의 편견 따위는 아무런 의미가 없다. 반복하건대, 역사적으로 아프리카인이란 나일강 입구에서부터 희망봉에 이르는 아프리카와 대서양과 인도양의 섬들을 포함한 아프리카에 사는 사람들이다. 또한 최근의 역사 연구는 노예로 또는 자발적으로 이주하여 아프리카 해안 밖에, 즉 아메리카와 다른 대륙에 사회를 형성한 아프리카인들의 후예도 포함하고 있다(4장 참조). 그리고 마지막으로, 아프리카 사람들이란 남자들 **그리고** 여자들을 의미한다는 사실을 기억해야 한다. 지구상 어디에서나 과거를 바라볼 때 게으른 일반화의 오류에 의해 종종 간과되는 사실이지만, 역사 속의 삶과 경험들은 이런 가장 기본적인 구별에 기초하고 있다.

'아프리카인'에 대한 역사학자의 정의는 필연적으로 광범위하고 비인종적이다. 당연히 그래야 하듯이 아프리카 밖의 이주민 사회를 포함한다면(스페인 남부 안달루시아의 아프리카-유럽 토후국과 같이 더이상 이주민 사회를 구성하지 않는 사회를 포함하여), 이 대륙의 밖에서 들어온 사람들과 그들과 섞이면서 생겨난 혼합 사회도 포함해야 한다. 북아프리카처럼 혼합된 사회부터 동아프리카의 스와힐리 문화까지, 대서양 해안의 무역 도시들에 형성된 유로-아프리카 사회, 그리고 17세기부터 남아프리카로 유입된 유럽인, 말레이인 그리고 인도인들까지, 이런 사회들은 오랫동안 아프리카 해안 지역에 머물렀다. 네덜란드인, 프랑스인, 영국인과 남아프리카에 정착한 다른 백인들, 그리고 동아프리카와 남아프리카에 정착한 인도

6. 백인 이주민들. 당 창설 50주년 기념식에 참여한 노년의 헨드릭 페르부르트(Hendrik Verwoerd, 사진 왼쪽, 남아공 7대 수상) 박사와 그를 호위하는 국민당 지지자들의 의용군. 앞줄 가운데 말을 탄 사람이 레온 웨셀스(Leon Wessels)로, 나중에 국민당 정부의 법무 장관이 되었으며, 아파르트헤이트에 대해 사과한 이 당의 최고 원로이기도 했다. 남아프리카의 프리토리아 북서부 트란스발 데 빌트에서 데이비드 골드블라트(David Goldblatt)가 1964년 10월에 촬영.

인들을 아프리카 역사에서 제외한다면, 그것은 동아프리카로 광범위하게 이주한 오만 사람들과 북아프리카로 팽창했던 아랍인 선조들을 제외하는 것과 똑같은 우를 범하는 일이다.

통일성

위의 내용들만 보면 아프리카가 각양각색의 사람, 문화, 국가의 잡탕에 불과하다고 오해할 수도 있다. 이처럼 단지 다르다는 것만을 강조한다면, 아프리카는 격리되어 자급자족 부족들의 뒤범벅이라는 유럽인들의 시대착오적인 관점으로 회귀할 위험성이 크며, 바로 이것이 (아래에서 살펴볼) 식민 정복을 정당화한 관점이다. 역사학자들은 사람들의 이동, 상업적인 연계, 문화적 흐름 등이 어떤 시기에 어느 지역에서 발생했는지 추적하기 위해 개별적인 종족 그룹, 왕국 또는 국가라는 좁은 영역에 초점을 맞추는 데서 탈피하여, 점차 '상호작용'의 연결선들을 탐구하는 데 힘을 쏟고 있다. 이런 상호 교류에 대한 탐구로 이제 아프리카 역사 연구가 이 대륙의 주변을 넘어 대서양, 인도양, 지중해 세계라는 좀더 넓은 이주자들의 활동 무대로까지 확장되고 있다.

마찬가지로 중요한 점은, '아프리카다움(African-ness)'이라는 개념을 해체한다고 해서, 이 개념이 지적으로 아무런 가치가 없다는 뜻은 아니라는 것이다. 단일한 민족(unitary people)으로서의 아프리카인이라는 인식은 지난 두 세기 동안 외부 사람들은 물론 아프리카인 자신들에게도 중요한 개념으로 작용했다. 1장에서 살펴보았듯이, 아프리카계 이주민 지식인들이 아프리카인들 중 처음으로 아프리카를 하나의 대륙으로 인식하기 시작한 것처럼, 바로 이들이 단일한 아프리카 민족 또는 그 시대 언어로 '흑인종'이라는 개념을 유럽 사람들로부터 빌려왔다. 유럽인들과 앵글로아메리카인종 이론가들은 이 개념으로 흑인들을 폄하하려 했지만, 범아프리카주의 선구자들은 아프리카를 회복하기 위한 방편으로 인종적인 통일성을 강조하려 했다.

소위 '옹호주의(vindicationism)'[5] 문학이라고 지칭되는, 인종의 통일성, 존엄성, 회복을 지향하는 글들에는 점차 역사적 추측들이 더해졌다. 19세기 말에 '함족의 역가설(Hamitic counter-hypothesis)' 개념, 즉 고대 이집트가 니그로 문명이었으며 아프리카 문화의 원천이었다는 서인도제도 사상가 에드워드 블라이든의 주장이 등장한다. 독일 민속학자 레오 프로베니우스(Leo Frobenius)[6]는 유럽에 새로이 정복된 아프리카 식민지들을 두루 여행한 후, '사라진 아틀란티스'라는 유럽 신화 속 고대 문명에 관한 이론을 내세우는데, 이 역가설이 그의 저작 속에서 기묘하게 전도되어 메아리친다. 다른 한편, 아프

7. 아랍인 이주민들. 1880년대쯤의 잔지바르(오늘날 탄자니아의 일부)의 오만 정부 공직자들로, 이 섬의 아랍 귀족 신분을 나타내는 터번(스와힐리어로 킬렘바 kilemba)을 두르고 장식용 칼(jambia)을 잡고 있다.

리카 대륙 전체의 역사를 개괄하려는 시도를 가장 먼저 한 사람은 아프리카계 미국 학자이며 범아프리카주의의 리더인 듀보이스(W. E. B. Du Bois)[7]였다. 그의 책 『니그로*The Negro*』(1915)는 인종적인 통일성과 아프리카 고대 왕국의 영광에 초점을 맞춘 광범위한 설명을 제공한다. 1922년, 윌리엄 레오 한스베리(William Leo Hansberry)[8]가 워싱턴의 하워드대학에서 아프리카 역사 강좌를 처음으로 개설할 때 이 『니그로』가 주 교과서였다.

아마도 아프리카에 대한 유럽 사람들의 인식들 중에서 가장 두드러지게 뒤바뀐 것은 '네그리튀드(négritude, 흑인성)'에 대한 인식일 듯하다. 1930년대에 프랑스어를 사용하는 아프리카 사람들과 서인도제도 지식인들이 파리에 근거를 둔 문예운동인 네그리튀드는, 문명화된 유럽과 미개한 아프리카로 인종적인 분할을 시도하는 제국주의자들에 대항하여, 아프리카의 풍부한 문화유산을 통해 논박하고자 했다. 그러나 이렇게 동질적인 '아프리카 민족'의 특별한 속성들을 강조함으로써, 차이의 개념, 즉 아프리카인의 특별한 속성에 집착하게 되었다. 이런 측면에서 네그리튀드와 반대될 만한 경우로, 새뮤얼 존슨 목사같이 영어를 사용하는 초기 서아프리카 학자들이 자신들의 민족에 초점을 두고 세밀하게 연구하여 출간한 역사적, 민족지학적 저작들을 들 수 있다. 지엽적이라고 할 수

8. 흑인 이주민 로이(Edward James Roye, 1815~72). 미국 오하이오 뉴아크 태생. 많은 흑인들에게 이주장려운동을 하다가 1846년 가족들과 함께 라이베리아로 건너가 정착한 후 무역으로 부를 거머쥐고 정치에 참여한다. 1869년에 대통령이 되어 재임하다가 (불명확한 사유로—역자 주) 2년 후 해임된다. 1821년에 세워지고 1847년에 독립 공화국이 된 라이베리아는 아프리카계 미국인 출신의 이주민들이 세운 국가로, 아프리카와 흑인종의 명예 회복을 목표로 하는 '옹호주의' 정신의 중요한 상징이었다. 로이의 포즈는 에이브러햄 링컨 미국 대통령의 유명한 사진을 모방한 것이다.

도 있겠지만, 존슨 본인은 유럽과 아프리카인들의 인종적인 본질적 차이를 주장하기는커녕 요루바(Yoruba)와 영국인들 사이에 현저한 문화적 '유사성'이 있었음을 강조했다.

20세기 후반 인종에 대한 사이비 과학 이론이 붕괴되고 아프리카 역사 연구에 실증주의 원칙들이 적용되었지만, 단일한 아프리카 문명이라는 개념의 호소력까지 없애지는 못했다. 단일한 문명이라는 이 개념은 오늘날까지 다양한 전파주의(diffusionism)[9] 유형의 이론들에 그 흔적이 남아 있으며, 이 이론들 중 일부는 역사 연구를 가장하지만 실상은 블라이든과 프로베니우스의 생각에서 발전된 것이 거의 없다. 이런 유형의 저작을 '아프리카 중심주의(Afrocentrism)'라고 부른다. 좀더 정확한 용어를 쓰자면, 파라오시대의 이집트가 아프리카 전체의 문화 그리고/또는 독특한 '흑인' 문명의 원천이었다는 개념에 고정되어 있는 만큼, 이집트 중심주의라고 해야 옳을 듯하다. 이런 연구들 전부를 학문적 성취가 아니라고 부정할 수는 없다. 예를 들자면 마틴 버널(Martin Bernal)[10]은 그의 저명한 저서 『블랙 아테나*Black Athena*』(1987)에서 고대 지중해 동부에서 이뤄진 문화 교류 역사에 대해 진지한 검토를 시도한다. 그러나 이는 대부분 조잡한 논리에 기반한데다 모두 사실적 증거 측면에서 치명적인 오류를 범하여, 아프리카 역사에 대한 학문적 연구 분야에서 비주류로 머물러 있다. '아프리카의 통일성'은 강력한 이데올로기적 구성물이며, 이의 변화 과정에 대해서는 좀더 심도 있는 연구가 필요하다. 어쨌든 이데올로기는 역사를 대체할 수 없으며, 아프리카 사람들의 역사를 드러내는 일은 아프리카 중심주의 이론이 인정하는 것보다 훨씬 더 복잡하다.

정체성

아프리카를 연구하는 역사학자들, 그리고 과거와 현재의 아프리카 사람들에게도 정체성은 다루기 까다로운 학문적 주제에 속한다. 다른 지역 사람들과 같이 아프리카 사람들도 다양한 정체성을 갖고 있고, 개인적으로 또는 집단적으로 주장하는 정체성이 있는가 하면, 외부인들이 부여한 정체성도 있다. 살아 있는 아프리카 사람 중 누가 가장 유명하냐는 질문에 보통은 '넬슨 만델라'라고 대답한다. 그러나 2006년 월드컵이 끝난 직후인 지금 가장 유명한 아프리카인은 지네딘 지단(Zinedene Zidane)[11]이 아닐까 싶다. 이 한 명의 개인에 대해서 생각해보자. 지단은 누구인가 또는 지단은 정체가 무엇인가? 그는 프랑스인이고 마르세유에서 태어나 성장했다. 그런데 그는 북아프리카 사람이기도 하다. 그의 부모는 알제리에서 이민을 왔으며, 카빌(Kabyle) 산악지대에 가계의 뿌리를 둔 베르베르족으로서 그는 선조들의 고향을 매우 자랑스러워한다. 그는 또한 자신을 (실천하지 않는) 이슬람교도라고 소개하기도 한다. 그리고 그는 당연히 축구선수다. 이런 여러 가지 정체성 중에서 그가 선택하는 라벨은 그가 어디에 있는지 그리고 무엇을 생각하는지에 달려 있다. 다른 말로 하자면, 정체성이란 상황에 따라 다양한 모양으로 변하는 물과 같다.

그래도 지단의 경우는 상당히 간단한 편이다. 정체성, 혈통의 정체성조차도 생각만큼 분명하지 않은 경우가 많다. 인류 모두가 그렇듯이, 아프리카인들은 생물학적으로 직계가족에 속해 있는 동시에 더 넓은 혈족망의 구성원이다. 식민 시대 인류학자들은 아프리카인들이 특이하고 창의적인 방법으로 가정을 관리한다는 사실을 알고 '혈족 관계'에 큰 관심을 기울였다. 실제로 거의 모든 유형의 혈족 관계를 아프리카의 예를 통해 보여줄 수 있다. 인구를 분류하는 다른 방식들과는 대조적으로 이러한 인척 관계에 따른 분류 방식은 현대 유전학 기술을 통해 증명되거나 부정될 수 있다. 요컨대 당신은 당신의 증조할머니의 증손이거나 증손이 아니다.

대부분의 친족 관계에 대한 주장들은 명확한 증거를 보여주는 유전자 검사를 통해 과학적으로 확인받지 않았고, 이에 따라 지구상의 다른 지역들과 마찬가지로 아프리카에서도 상상력과 창작의 공간이 만들어졌다. 역사적으로 많은 개인이나 가문이 좀더 높은 귀족이거나, 부유하거나, 정신적 영향력이 있는 사람들과 관계되어 있다고 주장했다. 이런 주장들 중 일부는 순수 혈통에 근거하지만 나머지는 허구적이다. 오랜 동안 이런 허구가 지속될 수 있었던 이유는 이에 의문을 제기하는 사람들을 침묵하게 만드는 그들의 집단적인 권력 때문이었다. 마찬가지로, 혈통에 따른 특권을 가지고 있는 이들도 그 특권을 유지할 정도의 충분한 권력이 없어지면 그런 주장을 내려놓아야 했다.

인종, 정치, 종교 등과 같은 또다른 정체성들은 좀더 복잡하고 정치적이면서도 논쟁의 소지가 많다. 그리고 이 정체성들은 때에 따라 매우 위험하다. 20세기에만 수백만 명의 사람들이 그들의 정체성으로 인해 다른 이들에게 살해당했다. 아프리카에서는 1994년 르완다의 대량 학살이 그 예를 보여준다. 다수족인 '후투(Hutu)족'의 극단주의자들이 '투치(Tutsi)족'으로 보이는 사람들을 조직적으로 사냥하여 살해했고, 단 한 달 동안 살육자들에게 투치족을 옹호한다고 지목된 온건파 후투족과 투치족 80만 명이 목숨을 잃었다. 이 비극적인 사건에 대해서는 뒤에서 다시 다룬다.

따라서 역사학자들은 이런 라벨이나 정체성에 대해 끊임없이 탐구하고 있다. 그런 과정에서 역사학자들은 아프리카인들이 스스로에게 부여한 정체성만큼이나, 외부인들이 아프리카인들에게 부여한 정체성에 대해서도 의문을 제기할 의무가 있다. 오늘날 학문들은 대부분 비생물학적 정체성은 어떤 방식으로든 역사적인 과정에서 생성되었다고 간주한다. 달리 말하자면, 이 정체성은 일군의 사람들에 의해 의도적이거나 우연하게 '구성된' 것이다. 그리고 한번 만들어진 정체성이 바뀌지 않고 고정되는 경우는 거의 없다. 환경이 사람들에게 정체성을 바꾸도록 강제하거나 고무할 수도 있다. 아프리카 대륙 전체가 다사다난했던 19세기에서 두 가지 예를 보자.

남아프리카에 사는 줄루족의 정체성이 어떻게 만들어졌는지를 먼저 보자. 이 정체성의 형성 과정에는 국가 건설, 군사적 정복, 물리적 확장, 난민들의 흡수, 피정복민, 그리고 영제국에 의한 식민화까지 포함된다. 줄루족이라는 정체성을 스스로 주장하거나 부여받은 사람들이 빠르게 변하면서, 결과적으로 줄루족으로 산다는 것의 의미는 시간을 따라 변해갔다. 1820년경 이전에 '줄루'라는 단어는 현재의 남아공 동부 콰줄루나탈 지역에서 18세기에 강력했던 음테트와(Mthethwa) 왕국이 지배한 왕국들 중 한 작은 왕국의 지배자들의 이름으로, 하나의 씨족 이름을 의미했다. 줄루족의 지배자 샤카(Shaka)의 군사적인 혁신과 전략적인 재능으로 작은 줄루 왕국이 음테트와를 격퇴할 수 있었고, 이 지역의 다른 작은 왕국들 다수를 정복했으며, 그들 중 일부는 스스로를 줄루

9. 샤카(Shaka, 1787?~1828). 영국인 무역상 제임스 킹이 너새니얼 아이작스의 저서 『동아프리카에서의 여행과 모험』(런던, 1836)을 바탕으로 줄루 국가 창설자를 묘사한 유명한 판화.

족으로 자처했다. 반면, 언어를 포함한 많은 문화적 특징을 공유하지만 줄루족을 자처하지도 않고 통합을 거부한 왕국들이 있었다는 사실이 시사하듯, 정체성은 근본적으로 정치적인 성격을 띤다.

두번째 예로 오늘날 나이지리아 남동부와 이웃 베냉공화국에 있는 요루바족을 살펴보자. '줄루'라는 단어와 마찬가지로, '요루바'의 뜻도 20세기 초반과 그 100년 전이 사뭇 다르다. 실상, 이 단어는 사바나에서 북쪽으로 퍼져 있던 하우사(Hausa)족이 처음 사용한 것으로, 이 지역에 분할되어 있던 도시국가들 중 하나인 오요국(City-state Oyo)의 주민들을 일컫는 단어였다. 어족과 문화가 매우 유사했지만, 정치적·종족적 정체성의 핵심은 이 도시국가에 성립된 왕국들이었다. 19세기 초반에 가장 강력했던 오요족이 하우사족과 풀라니(Fulani) 모슬렘의 공격을 받아 기울기 시작했을 때, 이 지역은 수십 년간 전쟁을 치르다가 함께 몰락했다. 이때는 혼란기였다. 난민들이 옮겨 다니고, 새로운 도시가 생겨나고, 수많은 포로들이 해안가의 유럽 노예상들에게 팔려나갔으며, 많은 사람들이 브라질과 쿠바에서 노예가 되었다. 노예무역을 반대하는 영국 해군 함대가 구해낸 사람들은 수천 마일 떨어져 있는 식민지 시에라리온 해안에서 해방되었다. 바로 여기서 '요루바'라는 개념이 생겨나기 시작했다.

이 과정에서 주연은 1822년에 포르투갈 노예 신분에서 해방되어 1843년에 영국 국교회 목사로 임명되는 사무엘 아자이 크라우더(Samuel Ajayi Crowther, 1806?~1891)와 같이 서양에서 교육받아 학식을 갖춘 기독교도들이었다. 크라우더는 1833년에 런던에서 『요루바어의 문법과 어휘*Grammar and Vocabulary of the Yoruba Language*』를 출간했으며, 다음해에 시에라리온의 프리타운에서 요루바어를 사용하는 첫 교회 창립을 주도했다. 1845년 선교회 관리자로 고향에 돌아와서 현대적이고 활기찬 요루바랜드를 세우고자 브라질('요루바다움'이라는 개념이 여기서 전개되기도 했다)에서 노예 신분을 벗고 시에라리온으로 돌아온 사람들과 연대했다. 두 집단 모두에 무슬림이 있기는 했지만, 새롭고 넓은 의미의 커뮤니티를 형성하는 계획의 중심에는 기독교 정신이 자리잡고 있었다. 다른 시에라리온 목사 새뮤얼 존슨은 그의 유명한 『요루바족의 역사*History of the Yorubas*』(1897년에 완성되었으나 1921년에 출간)에서, 그의 선조인 오요의 지배자가 구약성경에 나오는 인물의 후손이며, 그들의 종교는 유일신교였다는 주장까지 한다. 따라서 기독교로 개종하는 것은 '우상 숭배', 정치적 분열, 노예무역으로 실추되었던 역사를 극복하고 옛날 요루바의 이상(理想)으로 회귀하는 것을 의미했다. 현대적인 요루바 국가로 가려면 바로 이 길을 통해야 했다.

줄루와 요루바는 지난 몇 세기 동안 소위 '민족 집단 형성(ethnogenesis)' 기획을 시도했던 많은 아프리카 민족 중 단지 두 가지 예에 불과하다. 여기서 중요한 단어는 '기획(project)'이다. 말하자면, 이런 기획들은 우리가 예로 드는 군사력을 갖춘 귀족층과 기독교인 엘리트들이 소속이라는 개념을 만들고 확장하고자 한 의도적인 시도였다. 물론, 이 두 정체성은 여기서 설명하는 것보다 훨씬 더 복잡하다. 줄루족과 요루바족이 존재했던 지역 내에서뿐 아니라 다른 데서도 마찬가지로, 이 라벨의 내용과 의미에 대해 많은 논란이 있었다. 더군다나 식민 통치 상황으로 인해 더 넓어진 정치적 정체성에 이 두 가지 가상의 '민족(nation)'이 스며들면서 더 복잡해졌다. 줄루족이 되느냐 남아프리카 사람이 되느냐, 요루바족이 되느냐 나이지리아 사람이 되느냐, 남아프리카(또는 나이지리아) 사람이 되느냐 아프리카 사람이 되느냐 하는 선택과 구분을 위해, 개별적이고 집단적으로 새로운 경계를 만들 필요가 있었다. 이런 경계 만들기가 세대를 이어 오늘날까지도 지속되고 있다.

'부족'

영국 공영방송(BBC)에서 인기 있는 다큐멘터리 프로그램의 두번째 시리즈가 얼마 전에 끝났다. 이 프로그램은 진행자

브루스 패리가 에티오피아의 오모(Omo)강 계곡에서 매주 다른 아프리카 문화에 깊이 몰입하는 경험을 따라갔다. 〈부족Tribe〉이라는 제목의 이 시리즈는 재미도 있고 어느 정도는 교훈을 주지만 한 가지 문제가 있다. 아프리카인들의 정체성 문제에 대한 많은 오해가 그것인데, 이는 아프리카에 대한 타자들의 구시대적 인식을 드러내고 있다. 과거의 유럽인 여행가들, 선교사들, 식민지 관리들, 민족지학자들은 '부족'이라는 단일한 개념에 다양한 정체성을 욱여넣는 경향이 있었다. 이 개념은 아프리카 사람들이 누구이며 그들이 어떻게 살았는지를 이해하려는 외부인의 모델이었다. 이 모델이 사용될 때는 여러 가지 함축된 의미를 내포했으며, 이 모델을 통해 종종 아프리카 사회와 국가의 실상을 밝히기도 했지만, 왜곡된 시각으로 이 모델을 만들어낸 자신들의 사고 경향을 드러내기도 했다.

이 부족 개념의 한 가지 문제는, 우리 모두가 갖고 있는 여러 가지 정체성과 우리가 복종하는 정치적 국가가 밀접하게 관련되어 있다고 생각한다는 점이다. 이것은 예를 들어 아산테 국가 또는 에티오피아 **국가**에 종속된(정치적 정체성) 사람들은 혈연, 종교, 문화 또는 언어에서 유래하는 다른 정체성들도 필연적으로 서로 연계되어 있음을 암시한다. 사실은 대부분의 아프리카 국가를 세운 권력자들은 '부족'이라는 개념을 적용할 만한 일치성이 전혀 없는 다수의 다양한 사람들을 지배했다. 상대적으로 많은 사람들이 혈연, 문화, 종교적 성향으로 연결된 국가들이 있기는 하다. 그러나 최근의 역사 편찬가들은 이런 면보다는 아프리카인들이 생활 터전을 옮겨가는 과정과 물질적·지적·사회적 실험을 통해 보여준 역동적인 활동에 초점을 맞추고 있다.

한 '부족'의 구성원으로 분류할 수 있는 특징에 대한 주장들은 논란의 여지가 많고 이견이 좁혀지지 않고 있다. 르완다와 이웃 부룬디의 후투족과 투치족이 좋은 예가 될 수 있다. 1994년 르완다의 대량 학살을 이끈 적대감은 어느 정도 원시적인 부족 차별이 원인이었다는 의견이 세계 언론의 일반적인 믿음이었다. 우리가 들은 바로는, 피부색이 진하지 않고 키가 큰 유목민 투치족이 농업에 종사하는 진한 피부의 키 작은 후투족을 예전부터 지배했다. 르완다와 부룬디를 처음 식민 지배한 독일인들과 1차세계대전 이후에 지배한 벨기에인들은 투치족이 함족 가설을 뒷받침하는 전형적인 예가 된다고 생각했다. 말하자면, 유럽인들은 반투어를 쓰는 후투족 원주민을 정복한 투치족이 북쪽에서 온 고상한 침략자라고 믿었다.

여기에서 실마리를 풀어야 할 역사가 많다. 지나치게 단순화된 부족 모델은 소용이 없다. 식민지가 되기 전의 이 지역에 대해 우리가 아는 바로는, 수 세기간 분열되어 있던 왕국들 사이에서 권력 쟁취를 위한 소용돌이가 있었지만, 이런 정치적 갈등의 양상은 투치족과 후투족 사이의 분열과는 관계가 없었다. 이 두 부족 간의 관계는 훨씬 더 복잡하다. 우선 투치족과 후투족이 같은 언어, 즉 반야르완다(Banyarwanda)어를 사용한다. 더군다나 많은 후투 사람들은 식민 시대와 그 이전에는 소를 키웠고, 일부는 식민 시대 이전에 권력을 쥐고 투치족을 지배하기도 했다. 그리고 후투족은 투치족이 될 수도 있었고 또 그렇게 되었으며, 투치족도 마찬가지였다. '후투'와 '투치'의 의미가 상황에 따라 극적으로 바뀌었고,[12] 지배 권력을 잡고자 하는 그룹들마다 편리하고 유리한 대로 변화해가는 역동적인 과정을 겪었다. 그리고 이런 정체성의 휘발성은 변화를 만들어내는 원인들 중 하나이기도 하고 그 변화의 결과이기도 했다.

'부족'이라는 개념은 제국의 언어와 관련이 있다. 로마시대 정복자들은 브리튼(Briton), 골(Gaul), 게르만(Germans)에 대한 생각과 마찬가지로 북아프리카의 토착민 베르베르(이 단어 Berber는 그리스어 바르바로이barbaroi, 즉 '야만인'에서 유래했다) 사람들을 미개하고 무질서한 집단으로 간주했다. '부족'이 항상 이런 경멸적인 뜻을 내포했던 것은 아니다. 예를 들어 킹제임스 성경[13]에서 '이스라엘 자손'의 지파를 지칭할 때 이 '부족'이라는 단어를 사용한다. 그러나 이 용어의 현대적인 사용은 유럽 제국주의의 팽창이라는 도가니에서 유래한다. 19세기 후반까지, 유럽 정치가들은 자신들이 역사상 가장 훌륭한 사회조직인 민족국가(nation-state)를 만들어냈다고 확신했고, 이 민족국가가 합리적이며 현대적인 조직이고, 구시대의 제국과 왕국을 대체한다고 믿었다. 아프리카 사회를 묘사하면서 '부족'이라는 단어를 사용한 것은 타자의 내재적인 열등성을 암시하면서 그에 대비되는 민족국가를 미화하기 위한 열망에서 비롯되었다. 이는 또한 식민 지배를 도덕적으로 정당화하기 위한 방편이기도 했다. 요컨대 '부족'이라는 단어는 민족국가보다 덜 발전한 야만적인 정치, 계몽되지 않아 아직 개화되지 않은 문명, 현대 과학의 혜택을 받지 못한 기술, 영적이기보다는 차라리 미신에 가까운 종교 등을 함축했다.

문제는 거기서 끝나지 않았다. 마침내 여러 아프리카 식민 지배 세력은 정복에 의해 주권을 박탈당하기 이전에 존재했던 정치체제를 끌어들였다. 평온을 유지하고, 세금을 부과하고, 도로를 건설하며 노동력을 동원하는 일에 이전 아프리카 국가들의 지배자들을 보조자로 이용하고자 했다. 지방 정치를 이전 지배자들에게 위임할 때, 구역의 분할은 부족들의 영향권을 고려하여 구분되었다. 이런 지역은 식민 시대 이전의 영향권 범위와 일치한 곳도 있지만, 전부 다 그렇지는 않았다. 왕권이—혹은 식민 지배자들이 더 선호한 '족장 사회'[14]가—명확하게 확립되지 않은 지역에서는 아프리카 사람들에게 족장을 추대하도록 장려했다. 예를 들어 나이지리아 남동부에서는 지도자가 없었던 이보어 사용 지역에 소위 '임명 족장'이 생겨났는데, 이들은 영국 당국이 부여한 임명장에 의해 정통성을 지니게 되었다. 많은 지역에서 적통성이 결여된 족장들은 군사 또는 경찰 역할을 수행하면서 식민 지배 당국에 협조했다.

많은 경우 새로운 정체성은 식민 지배자와 현지 대리인의 합작으로 만들어지거나 재구성되었다. 리 크론크(Lee Cronk)[15]의 케냐 중부 케냐산 부근의 무코고도(Mukogodo)족에 대한 연구는 수렵과 채집(그리고 양봉)을 하던 이들이 20세기 전반에 어떻게 무코고도족으로서의 정체성을 버리고 마사이(Maasai)족이 되었는지를 보여준다. 영국 식민 정부가 백인 이주민들을 위해 케냐 고원지대의 비옥한 땅 일부를 선점한 정책이 이런 과정을 촉발했다. 무코고도족은 이 땅 일대의 원주민으로 선포되었고 땅의 일부를 할당받았다. 이들은 이 땅을 이용하여 수렵 채집에서 목축 중심의 경제로 확장했다. 이웃한 마사이족은 오랫동안 목축이 최고의 생활방식이라 믿었으며, 그들의 언어인 마(Maa)어로 수렵 채집 생활을 경멸하여 일토로보(il-torrobo)라고 불렀다. 그런데 영국인들이 경멸의

뜻이 담긴 일토로보를 잘못 이해하여 그것이 부족의 이름인 줄 알았고, 그 무코고도족이 '도로보족(the Dorobo)'으로 불리게 되었다. 그렇지만 도로보족 자신들은 다른 생각을 가지고 있었다. 그들은 이제 자신들의 땅에서 소를 키워 자산을 축적하고 이웃에 군림하면서 사회적 지위가 상승했고, 이런 과정을 거쳐 도로보인들은 마사이족이 되어가고 있었다.

이러한 변화는 이 변화를 만드는 이들에게 감정적으로나 이성적으로나 가벼운 문제가 아니었다. 이는 독특한 언어인 야쿠(Yakuu)의 사용을 중심으로 형성된 이전 정체성을 버리고, 아무런 관련이 없던 언어 마(Maa)를 사용하면서 그 문화에 적응하고 새로운 삶의 방식을 받아들인 과정과 관련된다. 이제 자신들의 정체성을 마사이족이라 생각하는 사람들이 — 그래서 타인들도 그들을 마사이로 간주한다 — 그렇게 아주 다른 정체성으로 변한 지는 불과 두 세대밖에 되지 않는다.

벨기에가 지배하던 당시 르완다와 부룬디에서도 비슷한 과정이 진행되었다. 벨기에 식민 정부는 아프리카 사람들에게 출생 신고를 하거나, 어떤 일자리에 채용될 때, 그리고 다른 지역으로 여행을 하는 경우 작성해야 하는 문서에 그들의 부족적인 소속 관계를 기입하도록 했다. 우리가 이미 살펴보았듯이 '투치'와 '후투'는 민족성보다는 계급에 가까운 의미의 용어에서 파생된 것인데, 이것이 부족의 이름이 되어버렸다. 소속된 부족을 기록하는 과정이 갑자기 개인의 정체성을 결정해버린 것이다. 그리고 벨기에 사람들은 인종적으로 훨씬 우월하다고 믿는, 자부심이 강한 투치족을 더 선호해 그들에게 좀더 좋은 교육을 제공했으며, 식민 정부의 관리로 채용될 기회를 부여했다. 식민 지배는 불평등과 갈등을 발명하지는 않았지만, 새로운 위험과 재앙을 초래했다.

유럽 제국주의 시대 내내, '부족'이라는 개념은 아프리카의 타자성으로 요약된다. 식민 지배를 통해 유발된 많은 변화와 마찬가지로 이 개념도 뿌리를 내린다. 여러 곳의 아프리카인 자신들이 이 부족적인 소속 관계(또는 좀더 정중하긴 하지만 마찬가지로 부담스러운 표현을 사용하자면 '민족ethnicity') 개념을 받아들였고, 소속을 의미하는 하나의 틀로서 혈통, 종교, 국가와 나란히 쓰이고 있다. 어떤 사람들에게는 이 부족적 소속 관계가 공동체와 국가를 형성할 당시를 기억하는 역사 속에 뿌리내린 정신적 유대감을 의미했으며, 다른 사람들, 특히 지역 유권자의 지지를 받으려는 정치가들에게는 권력 쟁취를 위한 도구로 이용되었다. 뒤에서 다시 살펴보겠지만, 새로운 국가 체제의 이권이라는 케이크 조각을 놓고 벌어지는 갈등이 포퓰리즘에 의해 자주 증폭되었으며, 이 포퓰리즘은 진위를 알 수 없는 부족적 또는 민족적 다름을 강조하면서 주도면밀하게 조장한 감수성에서 흘러나온다. 요약하자면, 현대 아프리카의 통일성과 다양성이라는 개념은 여전히 매우 중요한 논제로 남아 있다.

제 3 장

아프리카의 과거: 역사 자료

다른 지역을 연구하는 역사학자들과 마찬가지로 아프리카를 연구하는 역사학자들 역시 심각한 제약 사항에 직면해 있다. 아프리카의 과거를 복구하려는 사람들이 당면하는 특별한 문제들에 대해 생각하기 전에, 그런 많은 문제들을 다른 지역을 연구하는 역사학자들도 겪는다는 점을 강조할 필요가 있다. 예를 들자면 일상적인 근로자, 여성, 또는 아동의 생활에 대해 파악하고 해석하는 것이 어렵거나 불가능할 수도 있다. 반면 아프리카 연구만의 독특한 어려움도 있는데, 이중 상당수는 대단히 까다롭고 일부는 해결될지 여부도 알 수 없다. 그렇기는 해도 이렇게 어려운 연구 과정에서 아프리카 역사 연구가 좀더 정교해졌을 뿐 아니라, 역사 연구 모든 분야의 분석 기법과 연구 기술을 발전시킨 다양한 방법론이 개발되기도 했다. 아프리카를 연구한 역사학자들은 인류의 과거에 대한 지식을 축적하는 데 공헌하는 한편, 일련의 연구 기술을 개발한 선구자들로서 현대의 역사학자들을 우리 모두의 조상들의 생활에 대해 좀더 효율적이면서도 애정을 가진 분석가가 되도록 이끌었다.

사료

1950, 60년대에 아프리카 역사라는 분야가 정립되는 과정에서 사료 문제는 논쟁의 핵심 주제였다. 사료는 필연적으로 모든 역사 연구의 토대가 된다. 믿을 만한 자료는 과거에 대한 지식을 제공하고, 이를 토대로 역사학자들은 분석하고, 해석하고, 비교하고 이론화할 수 있다. 자료가 없다면 우리에게 지식이 되지 않는다. 어떤 사건이 아무리 흥미 있고 중요하더라도 아무 증거도 없이 그 사건이 발생될 수밖에 없었다고 주장한다면 그것은 학문이라기보다는 추정일 뿐이다. 2차세계대전 이후 아프리카 역사 연구의 선구자들은 초기에 두 가지의 큰 싸움에 많은 시간을 소비했다. 첫번째 싸움은 아프리카의 과거가 복구될 수 있겠느냐는 가능성에 대해 회의적인 학계와 치러야 했다. 최근 일부 학자들은 보수주의 성향의 이런 회의

론을 본질적인 인종차별주의로 보았으며, 듀보이스와 한스베리가 세계사에 아프리카 역사의 자리를 따로 마련해야 한다고 역설하면서 직면했던 반대 주장의 연장으로 간주했다. 일부 회의론자들은 인종주의에 고무되었겠지만, 이에 대해 반론을 전개한 측은 역사가 무엇이고 따라서 역사가 무엇이 될 수 있는지에 대한 이해에 근거를 두고 있었다. 두번째는 역사를 연구'하는' 기존의 방법들에 대한 방법론적 공격으로, 그 목적은 기록된 자료가 부족한 아프리카 대륙 역사 연구의 어려움을 극복하는 것이었다. 회의론과 방법론, 이 두 가지는 서로 밀접하게 연결되어 있다. 그러나 회의론과의 싸움에서는 대체적으로 이기고 있지만, 아프리카 역사를 기록하고 연구하는 방법에 지속적인 창의성이 요구된다는 점에서 방법론과의 싸움은 아직 갈 길이 멀다.

아프리카는 학문으로서의 역사가 발전할 수 있는가 여부를 가늠할 진정한 시험대였다. 20세기 중반에 이르자 일군의 역사학자들은 역사가 고유한 (그리고 어떤 경우는 과학적이기도 한) 방법론이 정립된 학문이라고 주장하면서, 골동품 애호 취미, 일화에 기반한 추론들, 혹은 증명되지 않은 사실들을 산더미처럼 쌓아놓는 연구 방법들하고는 거리를 두고자 했다. 그 방법론의 핵심은 소위 '1차 자료(primary sources)'라고 부르는 기록 문서의 발굴과 비판적 읽기였다. 이런 자료들은 문서 보관소와 도서관에서 가장 많이 발견되었으며, 이 자료들을 기록자가 사용한 언어로, 그리고 가능하다면 원본 육필의 형태로 읽고, 다른 자료들과 비교하여 읽고, '결을 거슬러 다른 시각으로' '행간'을 읽는 일은 훌륭한 역사학자들의 몫이었다.

문자로 기록된 자료가 역사 연구에 꼭 필요한 원료라면, 아프리카 역사를 쓰고자 하는 역사학자들은 어찌해야 하나? 대부분의 아프리카 언어는 문자화되지 않았다. 다시 말하자면, 19세기 후반 또는 20세기 이전에는 이 언어들이 기록되고 읽히기보다는 말하는 데만 사용되었다. 이런 상황에서 선구적인 역사학자들이 우선 복구하고자 했던 것은 아프리카의 초기 역사였다. 이 대륙이 식민 지배에서 해방된 후 활기를 띠기 시작한 역사학자들은 회의론자들에게 그리고 전 세계에 이 대륙이 유럽의 침략과 정복 이전에 아프리카 고유의 역사를 가지고 있었다는 면모를 보여주고자 했고 그 역사를 미래의 원형으로 삼고자 했다. 또한 정복자들이 작성한 자료들과 식민 지배에 대한 자료들은 손을 볼 수 없을 만큼 엉터리며, 진정한 아프리카 사람들의 목소리는 무시되거나 왜곡되어 있다고 주장했다.

1950년대 이전 아프리카 역사라고 일컬어진 거의 대부분의 기록은 유럽의 탐험가, 선교사, 총독, 사업가들이 자신들의 입장에서 아프리카 사람들의 생애를 설명한 '제국주의 역사'의 고착된 전통 안에 갇혔다. 유럽제국이 형성되거나 몰락하는 국면에서, 아프리카 사람들은 등장인물이 아니라 소품으로 취급되는 경향이 있었다. 이런 문헌이 모두 본질적으로 매정했던 것은 아니다. 특히 영국과 프랑스에서는 반제국주의자들이 아프리카에 대한 식민 정복의 악영향을 강조하는 제국주의 역사를 상당히 다양한 모습으로 제시했다. 그렇지만 이런 전통은 사실상 의도와는 달리 제국을 미화하는 쪽에 더 가까웠다. 이런 틀은 아프리카 사람들을 지나치게 들러리로 취급했고 아프리카의 오랜 역사와 그들의 저력을 포착하는 데 철저하게 실패했다. 무엇보다도, 아프리카를 지속적인 희생자로 간주하거나 습관적으로 무시하는 태도에는 별반 큰 차이가 없다. 이런 상황을 설명해주는 비슷한 예를 로마인들의 역사에서 볼 수 있다. 초기 기독교로의 개종과 로마의 확장에 대해 프랑스 또는 영국 사람들이 보였던 호의와 반감을 로마인은 자신들의 입장에서만 기록했다. 아프리카의 새로운 역사학자들이 바로잡고자 노력했던 점이 바로 이런 단순화와 왜곡이었다.

문자 기록 자료 1

원주민들이 직접 작성한 문자 기록물이 전혀 없지는 않았다. 가장 오래된 인류의 기록물 중 하나가 이집트에서 발견되었는데, 1820년대에 그 내용을 판독하여 '역사시대'에서 '선사시대'로 넘어오는 시점을 수천 년 앞당겼다. "우리가 18세기 중앙아프리카의 한 왕국이었던 쿠바(Kuba)의 문화는 잘 모르면서 3천 년이나 더 오래된 이집트 신왕국의 문화에 대해 더 잘 안다는 것은 참 아이러니한 일이다"라고 쿠바 역사 연구를 주도한 얀 반시나(Jan Vansina)[1]는 한탄한다.

문자로 표기된 언어 역시 에티오피아 역사에 대해 드물게도 풍성한 자료를 제공한다. 서기 5세기부터 초기 기독교 교회 중 하나인 이집트 콥트 교회(Coptic Church)는 성경을 번역하고 토지 소유자 기록, 기도 내용, 신앙 고백과 성인들의 삶을 적을 때 고대 남부 아라비아에서 유래한 문자 언어 기즈(Ge'ez)를 사용하였다. 이런 교회 관련 문서 외에도 에티오피아 왕권의 이데올로기적 헌장인 '케브라 나가스트(Kebra Nagast, 왕들의 영광)'[2]와 같은 왕가들의 연대기나 중세의 법과 역사의 기록도 있다.

이슬람의 발전은 아랍어의 지배력을 강화했으며, 쿠란의 언어인 아랍어는 이슬람 영역의 지식인들 사이에서 전파되었다. 8세기에 무슬림 여행가들과 지리학자들은 사하라 이남 아프리카에 대한 귀중한 정보를 단편적으로 기술하기 시작한다. 이 자료들은 수단 지역 왕국과 동쪽 해안의 스와힐리 도시

국가의 초기 역사를 복구하는 데 중요한 역할을 하지만, 아직 외부인의 일시적인 인상을 기록한 것에 지나지 않는다(1장 참조). 현지에서 작성된 아랍어 연대기가 사하라 남쪽에 나타난 것은 몇 세기가 지나서의 일이다. 우선 오늘날 탄자니아의 해안 도시 킬와(Kilwa)의 역사를 세세하게 기록한 '킬와 연대기'(1520년경)가 있고, 아흐마드 푸르투와(Ahmad b. Furtuwa)는 중부 수단의 국가 보르누(Bornu)에 대해 기록했으며(1576년경), 그리고 『타리크 알파타쉬*Ta'rikh al-fattash*』(1655년경)와 알사디(al-Sa'di)의 『타리크 알수단*Ta'rikh al-sudan*』(역시 1655년경), 이 두 개의 방대한 '팀북투 연대기'가 있다. 더군다나 18세기부터는 아랍어 기록들이 하우사, 풀풀드(Fulfulde), 스와힐리, 이 3대 아프리카 언어를 음역할 때 기준이 되었다.

네덜란드어로 기록된 자료는 지금의 남아프리카공화국의 희망봉이 1652년 네덜란드에 식민화된 이후부터 등장한다. 네덜란드어에 아프리카 언어들, 포르투갈어, 말레이어가 가미된 현지 파생어 아프리칸스(Afrikaans)로 기록된 자료도 점차 늘어난다. 이런 자료들의 시간적 깊이와 풍부함 덕분에 남부 아프리카를 연구하는 역사학자들은 사하라 남쪽에서는 상상도 못할 만큼 자세하게 과거의 여러 모습을 복구할 수 있었다. 그렇지만, 흑아프리카를 방문했던 무슬림의 기록들과 유럽 무역업자, 선교사, 군인 그리고 15세기부터 여행가들이 작

10. 에티오피아정교회 성직자들. 1890년대 에리트레아에서 종교 문서 전시회 때 촬영되어, 페르디난도 마르티니의 『이탈리아의 아프리카에서』(밀란, 1895)에 실렸다.

성했던 자료들처럼, 이는 대부분 편파적이었으며 편견과 오해가 가득했다. 따라서 이런 자료들을 읽을 때는, 다른 사료도 마찬가지지만, 좀더 비판적인 독해와 주의깊은 분석이 필요하다.

19세기와 20세기 유럽 제국주의 시대가 되면, 아프리카에 대한 자료와 특히 아프리카 사람들이 직접 기록한 자료들이 급격하게 늘어난다. 이 자료들 대부분, 특히 후자는 기독교 선교의 결과였다. 19세기 말에 아프리카를 정복하고 분할하기 이전부터 선교사들은 대륙 곳곳으로 퍼져나갔다. 초기에는 개종자가 많지 않았지만 특히 개신교 선교사들은 성경, 찬송가, 기도문을 방언으로 번역하는 데 역점을 두었다. 쿠란은 순수 아랍어로 듣고 읽어야 한다는 인식이 강해 번역에 부정적이었지만, 기독교 성경의 번역은 아무런 거부감 없이 환영받았다. 많은 언어들을 구어에서 문어로 바꾼 사람들은 대부분 아프리카 출신 선교사들과 유럽인 선교사들이었다. 언어에 관련된 이런 작업의 최종 목적은 아프리카 사람들을 기독교로 개종시키는 것이었다. 그러나 그런 목표와는 별개로 성경의 서사 충동(narrative drive)[3]에서 영향을 받은 새롭고 대담한 역사 기록 형태가 나타났다. 기독교는 진보적인 미래를 지향했지만, 과거에 대해 새로운 사고방식을 제공하기도 했다.

이런 과정은 기독교화되고 영어를 사용하며 현대적인 상업

이민이 성행한 19세기 서아프리카 해안에서 처음 시작되었다. 아프리카 역사 편찬사에 있어서 선구적이면서 획기적인 두 개의 사건으로 이런 과정이 구체화되는데, 새뮤얼 존슨의 『요루바족의 역사』와 칼 크리스티안 라인도르프(Carl Christian Reindorf)의 『황금해안의 역사와 아산테*History of the Gold Coast and Asante*』(1895)가 그 주역들이다. 두 저자 모두 개신교 선교사였는데, 존슨은 성공회 소속이었고 라인도르프는 스위스의 바젤 선교회 소속이었다. 존슨의 부모는 요루바족 출신으로 노예선에서 해방되어 시에라리온에 정착했으며, 존슨은 거기서 태어나 교육을 받았다. 라인도르프는 황금해안의 아크라(Accra) 지역의 가(Ga) 출신으로, 그의 친할아버지는 현지에 정착한 덴마크 무역업자였다. 이들 둘 다 열렬한 선교, 물질적·도덕적 발전과 영국의 지배를 환영했으며, 이런 과정을 통해 '우상 숭배'와 폭력적인 정치 분열이 제거되고 결국에는 현대적인 국가로서의 아프리카 정부가 수립되기를 원했다.

이 특별한 책들은 치밀한 민족지학적인 관찰, 기원에 관한 전승, 개인의 경험, 구전 설화의 연구, 특히 라인도르프의 경우에는 오래된 유럽 기록 자료들에 기반했다. 존슨의 저작은 요루바족의 정체성에 깊은 영향을 끼쳤으며, 통일된 '국가적' 역사의 골격이 되는 동시에, 존슨이 오요와 이바단(Ibadan)의 도시국가에 편견을 가졌다고 생각하는 다른 지역의 역사학자들로 하여금 비판적인 저작들을 출판하도록 자극했다. 중요한 점은 존슨과 라인도르프가 영어로 글을 썼다는 점인데, 영어의 숙달이 진보의 방편이라고 생각했기 때문이기도 하고, 예상 독자에 유럽인이 포함되었기 때문이기도 하다. 그렇지만 이 두 책은 저자들의 고향 밖에서는 거의 알려지지 않았고, 따라서 열대 아프리카는 복구될 역사가 없다고 생각하는 유럽의 지성들에게 충격을 줄 수도 없었다. 이 저작들이 1차 자료로, 그리고 자신들의 직접적인 역사 연구로 지평을 연 저작으로서 그 중요성을 제대로 평가받기 시작한 것은 불과 몇십 년밖에 되지 않았다.

아프리카 언어의 음역 작업은(그에 따른 표준화 과정도) 식민지배 시기에도 지속되었고, 지방의 역사적인 전승들도 이런 방식으로 기록되었다(5장 참조). 유럽인 지배자들은 많은 지역에서 아프리카 주민들에 대한 정보를 수집하고 명령을 전달하는 데 편리하도록 토착 언어의 사용을 중요시했다. 예를 들자면, 영국 식민군 부대가 명령을 전달할 때 서아프리카에서는 하우사어, 동아프리카에서는 스와힐리어를 사용했다. 식민지 사업을 돕는 데 밀접하게 관련되었던 일부 민족지학자들 외에도 많은 민족지학자들이 아프리카 언어로 기록을 남기려 노력을 기울였다. 이런 작업 전부는 서양식 교육을 받은 1세대 아프리카인들의 일이었으며, 유럽 사람들의 이름으로 출

11. 성경 번역. 오른쪽 두번째 카를 크리스티안 라인도르프 목사를 포함한 아프리카 목사들과 바젤 선교회 팀이, 황금해안(오늘날 가나)의 아보코비(Abokobi)에서 성경을 가(Ga)어로 번역하고 있다. 1900년경. 막스 슐츠(Max Shultz) 촬영.

판된 언어, 민족지학, 역사에 관련된 정보들 거의 대부분은 이름 없는 '아프리카인 정보 제공자'들의 고된 노동의 결과였다.

술고래 왕: 구비 전승

선구적인 아프리카 역사 연구자들은 기록 자료가 중요하다는 점에 반대하지 않았지만, 이 대륙의 거대한 크기와 역사적 깊이에 비해서는 기록 자료가 매우 적은 편이었다. 더군다나 아프리카인들이 아니라 유럽과 이슬람화된 지중해 출신 방문자들의 기록이 거의 대부분인데, 이런 자료에 근거를 둔다면 어떤 종류의 아프리카 역사가 나타날까? 이런 사료에만 의존한다면, 예전 제국주의 시대에 '원주민'에 대해 너무나 확연했던 무지, 대상화, 생색내기, 근본주의를 반복할 위험이 있어 보였다. 정확히 말하자면 '자료'와 '문서'의 의미를 혼동하지 말아야 한다는 논박이 시작되면서, 반드시 문자로 쓰인 텍스트만이 증거가 된다는 주장이 거부되었다.

아프리카 사람들이 과거에 대해 말하는 것을 듣는 연구 경험은 구비 전승이 매우 중요한 자료라는 생각이 들게 만든다. '구전 역사(oral history)', 즉 개인들의 기억을 기록한 것과는 달리 구비 전승(oral tradition)은 오래전 과거에 일어난 사건들이 한 세대에서 다음 세대로 전달되는 것으로 정의되며, 이에 주목하는 연구 자세는 의심할 바 없이 혁신적이었다. 이 방법이 부상하기 전까지는 호메로스의 『일리아스*Iliad*』, 『오디세이*Odyssey*』, 스칸디나비아의 사가(Saga), 『베어울프*Beowulf*』 등 서양 문화의 초석이 된 구전 자료를 문자로 기록된 자료로 간주하는 역사학자들이 많았다. 이들은 트로이나 크레타섬의 미궁으로 추정되는 지역들을 발굴하여 문자로 기록된, 소위 정사(正史)로 인정된 자료들의 진실성 여부를 입증하고자 노력했다. 하지만 이런 낭만적인 선배들과는 거리를 두면서, 현대의 역사학자들은 이런 옛날 서사들을 신화, 즉 새로운 심리학적 용어인 '원형(archtype)'으로 간주하기 시작했다.

문서 기록들의 오류에 대한 우려가 커지면서, 점점 더 많은 학자들이 대규모 도서관과 문서고에서 나와 진정한 역사적 서사의 생생한 현장을 찾아 아프리카의 도시와 지방으로 깊숙이 스며들었고, 왕, 족장, 원로, 무슬림 학자, 궁정 역사의 특별한 수호자, 만데의 젤리와 같은 전문적 방랑 시인들을 취재하여 상당히 구체적인 보고서들을 작성했다. 이중 상당수는 존슨, 라인도르프, 그리고 다른 선구적인 아프리카 학자들이 이미 발견해낸 구비 전승이었다. 얀 반시나는 『구비 전승*Oral Tradition*』(1965, 프랑스어 출판은 1961)에서 이러한 유산도 역사학자들이 문자로 쓰인 문서를 읽듯 해석할 수 있다는 주장을 구체화했고, 이에 논쟁이 뒤따랐다. 이것은 광범위하고도 용감한 주장으로 재래의 역사 연구 관례에 대해 파괴적이기까지 했으며, 아프리카뿐 아니라 태평양, 아메리카 등 문자가 없었던 사회의 역사 복구에도 많은 영향을 주었다. 분명히 문자가 사용되는 사회였음에도 불구하고 그 사회의 '아래로부터의 역사'를 복구하는 데 실패한 사회역사학자들은 이 새로운 아프리카 역사에 큰 관심을 두었으며, 그 방법론적인 영향은 1960년대 후반부터 발행된 진보적인 〈역사 워크숍 저널History Workshop Journal〉에서 명확하게 드러난다.

하지만 반시나가 처음부터 알고 있었듯이, 구비 전승은 전혀 간단하지 않았다. 이 전승들은 독특한 문화 안에서 생성되었고, 그 지역의 심미적인 취향이 강하게 드러나는 형식을 취했으며, 연대기적 나열보다는 정신적 또는 마술적 변형을 통해 서사를 전개했다. 역사학자들은 초기에 사건들을 연대순으로 정리하기 위해 전승들에 자주 나타나는 '왕들의 목록'에 왕들의 평균 통치 기간을 대입하는 방식으로 연대기를 작성하려 했지만, 아무런 성과 없이 이러한 시도를 곧바로 포기했다. 조지프 밀러(Joseph Calder Miller)[4]는 이런 작업에 대한 최근의 평가에서, "아프리카 왕조들이 세계의 다른 지역에서 벌어진 권력투쟁보다 더 질서정연한 모습을 띠었을지 모른다는 생각은 헛된 기대였다"고 지적했다. 역사가 권력투쟁들로 인하여 왜곡되었고, 또 계속 수정되고 있다는 사실이 너무나 뚜렷해졌다. 구전 서사는 분명 일종의 자료이기는 했지만, 신뢰할 만한 정보를 담은 경우가 드물었다. 대신 지적인 역사학자들은 점차 이 서사들을 사건의 원인과 결과라는 논리성보다는 역사적 의미를 문화적인 맥락에서 이해하기 위한 매력적인 자료로 인식했다. 월터 롤리(Walter Raleigh)[5]의 『세계의 역사*History of the World*』(1614)가 기원전 150년 이전(롤리가 처형되기 전으로서는 최대한 거슬러올라간 연대)의 세계 역사에 대한 터무니없는 기술이기는 하지만, 17세기 초반에 영국에서 교육받은 사람이 역사를 어떻게 이해했는지를 현대인에게 보여주는 것과 같은 경우다.

이러한 이슈들을 구체화할 예로, 가장 심도 있게 조사된, 오늘날의 콩고민주공화국에 위치했던 루바(Luba) 왕국의 구비전승을 살펴보자. 만데의 젤리가 수행했던 순자타의 이야기와 같이, 루바 전승은 자유로운 형식으로 서술되는 일련의 에피소드로 당시에 많은 인기를 끈 서사시였으며, 이나반자스(inabanzas, '기억하는 사람들')라고 불리는 사람들이 암송하였다. 에피소드의 순서는 루카사(Lukasa, '기억 칠판')라는 기억을 돕는 목판[6]에 표시되었고, 비밀 단체 '밤부디예(bambudye)'의 구성원들이 차던 구슬과 조개껍질로 장식되었다. 유명한 이나반자 중 한 명이었던 카바타(Kabata, 1860?~1950?)가 전한 버전에 따르면 중심 줄거리는 대략 다음과 같다.

루바 땅에 사람이 처음 들어와 살기 시작했을 때 잔인하고 피부가 빨간 은콩골로(Nkongolo, 무지개)라는 왕이 나타났다. 그는 근친상간을 저질렀고 자식이 없었으며 항상 큰 소리로 말하는데다 술고래였다. 어느 날 음비디 킬루웨(Mbidi Kiluwe)라는 잘생기고 피부가 검은 유식한 사냥꾼이 동쪽에서 로마니(Lomani)강을 건너 은콩골로왕의 영역으로 들어와 왕의 두 누이와 결혼했다. 두 자매 중 하나인 불란다(Bulanda)는 칼랄라 일룽가(Kalala Ilunga, 일룽가는 전사戰士라는 의미)라는 아들을 낳았고, 이 아이는 삼촌이 사는 곳에서 성장했다. 삼촌 은콩골로는 칼랄라와 갈등이 심해지자 이 아이를 죽이려고 작정했지만, 칼랄라는 동쪽으로 강을 건너 도망가서 군사를 일으켰다. 그리고 돌아와서 포악한 삼촌을 처형하고 신성한 왕권을 세워 루바 중심지 루바 샨카디(Luba Shankadi)에 왕조를 열었다.

중부 아프리카의 사바나 밀림 지역의 왕국에 있었던 이 전승과 이와 비슷한 전승들이 이제는 학문적으로 달리 해석된다. 역사에 대한 초기의 해석들에는 문자 그대로는 아니더라도 실제 사건의 핵심이 들어 있다고 생각하는 경향이 있었으며, 심지어 어떤 경우에는 그것들을 이주 이야기, 정치적 폭력 사태, 국가의 건설에 대한 대략적인 연대를 추정하는 근거로 삼기도 했다. 그러나 인류학자들은 이런 이야기들은 역사가 아니라 신화이며, 시간을 초월하여 존재하는 '구조적' 상극에 대한 우주론적 사변이라고 주장한다. 따라서 음비디 킬루웨와 칼랄라 일룽가는 풍요와 '문화'를 표상하는 반면, 은콩골로는 자연과 맞닿아 있는 개념으로, 루바 샨카디 왕조 이전 질서를 위협하는 혼돈을 인격화한 것으로 볼 수 있다. 1990년대에 이르러 역사학자들은 기원에 대한 이런 전승들은 그 시대의 정치적 권력을 합법화하는 방편이었다고 분석하면서, 정치 투쟁의 패자가 아닌 승자가 지어낸 이데올로기적인 진술이었다는 결론을 얻었다.

중간 입장을 취한 경우가 있을까? 루바 왕국의 팽창으로 정치적·문화적 영향을 받게 된 사람들인 칸욕(Kanyok)족을 깊게 천착하여 저서를 낸 존 요더(John Charles Yoder)[7]가 그런 중간 입장의 가능성을 제시한다. 루바의 기원 전승은 실제 사건에 대한 연대기도 아니고 단순히 당시 권력을 반영하는 것도 아니지만, 역사적인 변화의 의미를 설명하는 주석서라고 그는 말한다. 이 전승은 서양에서 일반적으로 이해된 '역사'는 아닐 수 있지만, 루바족으로 자처하는 사람들이 인식한 역사에 대한 것이다. 두 가지는 분명하다. 첫째, 콩고 남부에서 루바어를 사용하는 지역에서는 인기 많은 은콩골로와 칼랄라 일룽가 서사시가 계속 노래될 것이고, 둘째, 학자들은 이것이 사실인지 신화인지를 계속 논쟁할 것이다.

타 학문과의 연계

문자로 기록된 자료가 거의 없다는 사실은 곤란한 일이었지만 아프리카 역사 연구를 발전시키는 데 오히려 중요한 계기였다. 말하자면 아프리카 역사학자들은 처음부터 다른 분과와 연계하는 데 익숙할 수밖에 없었다. 1960년에 창간된 이후로 이 분야의 주도적인 저널인 〈아프리카 역사 저널Journal of African History〉은 언어학, 형질 인류학, 그리고 특히 고고학 분야의 글을 많이 실었다. 이런 개방은 급진적이었지만, 이 대륙의 역사에 대해 알려진 것이 거의 없다는 사실의 자연스러운 결과이기도 했다. 따라서 시대 구분이나 역사 지도와 같은 가장 기본적인 사항들을 파악하기 위해 많은 연구가 수행되었다. 아프리카 인류 역사의 엄청난 시간적 깊이와 다양성을 복구하고 아프리카 과거 전체를 시대순으로 정리하려는 원칙주의적인 야심은 당연히도 쉽지 않은 과업이었다. 이런 이유로 수렵 채집에서 정착 농경('식량 생산 혁명')으로 전환된 과정과 철제 생산의 확산은 유럽 역사학자들에게는 '선사'시대의 일부일 뿐이었지만, 새로운 아프리카 역사에서는 가장 중요한 관심사로 부상했다.

가장 중요한 그리고 지속된 학제 간 연계 학과는 아마도 사회인류학일 듯하다. 타 분야와의 연계가 대부분 그렇듯, 이 분야와 역사학의 연계도 종종 적개심까지 품은 상호 의심으로 시작했다. 역사학자들은 데이터를 얻기 위해 기꺼이 식민 시대에 작성된 민속지학 연구들을 탐구했다. 하지만 이 연구들은 '민족지적 현재(ethnographic present)'[8]에 함몰되어 부족 그룹들을 영원히 변치 않거나 격리되어 독립된 존재로 간주했다는 의심을 샀다. 그 결과 일부 인류학자들은 역사학자들의 야심에 대해 냉소적이었고, 다른 학자들은 혈족 관계와 문화는 소홀히 다루면서 국가 수립만을 강조하려는 역사학자들의 경향 때문에 혼란스러워했다. 그렇지만 이 두 개의 분과는 각각 발전하면서 상호 교류를 통해 서로를 풍요롭게 했다. 이전과 다른 새로운 아프리카 역사가 반식민주의와 민족주의라는 배경에서 처음 꽃피기 시작했듯이, 인류학도 시대에 따라 변화하여 시대착오적인 '식민주의적 과학'에서 시작되었다는 자기반성과 비평의 시기로 접어들었다. 최근 수년 동안 점점 더 많은 인류학자들이 자신들의 연구에서 시간적인 차원을 중요시하게 되었고(기록물 연구와 '현장 연구'의 결합), 역사학자들도 지금까지 인류학에 속해 있던 일련의 주제들(예를 들면 종교와 신앙)을 수용하기 시작했다.

다른 학문들의 도입이 항상 좋았던 것은 아니다. 예를 들어 역사학자들은 역사언어학(historical linguistics)[9]을 숙달하느라 많은 노력을 기울였다. 일부 언어학자들은 다양한 기술을 동원하여 아프리카 언어가 퍼져나간 연대를 추정할 수 있다고 주장했다. 언어가 문화와 밀접한 관련이 있다면, 사람들이 이주하는 현상을 설명하는 데 역사언어학이 어떤 역할을 할 수 있을까? 이 분야의 일부 학자들은 약 600개의 연관어들이 대륙 남부의 거의 모든 지역으로 퍼져나간 소위 반투어의 예외적인 전파를 이해하는 데 초점을 맞추었다. 역사학자들은 언어학, (특히 도기 스타일과 제철 기술에 대한) 고고학, 그리고 구비 전승(루바족 서사와 같은 서사시들에 포함된 이주 이야기) 등을 반영하여 '반투어의 팽창'이라고 알려진 모델을 개발했다. 이 모델에 따르면 철을 생산하고 농사를 짓던 사람들이 북서쪽에서부터 적도 밀림을 '돌파하고' 대규모로 계속 이동하면서 수렵 채집으로 살아가던 원주민들을 정복하였다.

이런 종류의 추론들에 따르면 문화가 변화하는 원인을 대규모 이주 현상으로 이해하는 설명이 적절해 보였다. 이는 아프리카에만 특별하게 해당되는 설명이 아니었다. 이전의 역사학자들은 켈트족이 중부 유럽에서 프랑스와 영국 섬들로 이주한 상황과 '아리아인들'이 인도로 이동한 현상을 이해하기 위해 관련된 사료를 찾느라 분주했다. 오늘날 우리가 문화의 전파를 이해하는 방식은 이보다 훨씬 더 복잡하고 미묘하다. 아프리카에서 언어, 문화, 기술이 확산되었다는 증거가 풍부하기는 하지만, 다른 지역에 대한 설명과 마찬가지로 '반투어 팽창'과 같은 모델은 지나친 단순화로 판명되었다. 이제는 인구 이동 현상에 대한 이해 방식도 변하여, 아프리카의 인구 이동을 갑작스러운 대규모 이동이라기보다는 인구가 2천 년 넘게 밀물과 썰물처럼 서서히 변화한 것으로 본다. 아프리카에 대한 이런 초기의 잘못된 이해가 심각할 정도로 지속되지는 않았지만, 언어학적 자료와 기술이 복잡하기 때문에 이를 숙달하는 데는 많은 시간과 에너지가 소모되었다.

종종 까다롭기는 했어도 유용한 역할을 했던 고고학은 다른 대륙에서 문자로 기록된 자료들이 나오기 전의 인류 사회와 관련된 자료를 많이 발굴해냈다. 고대 지중해, 근동, 신석기시대의 유럽 그리고 콜럼버스 이전의 아메리카 등의 역사 대부분은 고고학의 성과였다. 〈내셔널 지오그래픽〉의 내용이 보여주듯이 20세기 후반의 고고학은 낭만적이었지만, 이제 고고학은 과학을 기반으로 하는 학문이 되었다. 이는 기록물이 없어 연대기적 실마리를 푸는 데 곤란을 겪은 아프리카 역사 연구자들에게는 매력적인 수단이었다. 오래된 층위학(stratigraphy, 정착했던 지역의 발굴을 통한 '시간의 층'에 대한 기록)의 전통과 방사성탄소를 이용한 연대 추정, 나이테 측정법(tree-ring dating) 등 새로운 기술이 합쳐져, 인류의 유적, 정착

생활, 물질적인 문화가 빚어낸 인공물들의 연대를 밝혀냈고, 그 결과로 얻은 데이터를 근거로 장기 변화의 서사를 재구성할 수 있게 되었다.

아프리카의 깊은 과거의 윤곽을 밝혀가면서 많은 자료가 생산되었지만, 고고학자들이 제출하는 성과에 대해 역사가들은 여전히 실망스럽다는 반응을 보인다. 이 대륙의 거대한 목초 지역, 특히 적도 밀림 지역은 대규모의 발굴 작업은커녕 현장 답사도 거의 이뤄지지 않았다. 그 이유는 간단하게도 중요한 지역으로 추정되는 곳을 발견하기가 어렵기 때문이다. 대부분 지역의 인구밀도가 낮았기에 인구가 밀집된 지역, 즉 도시가 상대적으로 드물었다. 오랜 시간을 버텨내는 자재로 건설된 마을은 더욱 찾아보기 어렵다. 젠네, 팀북투, 가오(Gao) 같은 사헬 지역의 도시에서 볼 수 있는 '오래된' 진흙 모스크들도 원형 그대로가 아니라 수 세기에 걸쳐 반복적으로 재건된 것이다. 아주 예외적인 경우(특히 '그레이트 짐바브웨'[10]와 스와힐리 해안에 있는 '스톤 타운'[11])가 아니라면, 아프리카의 취락은 쉽게 사용할 수 있는 진흙 또는 나무로 건축되었다. 이런 자재를 사용하면 일하기는 편했지만 극한 상황에서는 건물이 생분해되어 무너질 수 있었다. 사막의 모래 폭풍, 폭우, 흰개미의 파괴적인 활동에 의한 침식작용은 건축 여건에 치명적이다. 특히 적도 아프리카는 '유적'이 없어 시선을 끌 만한 매력도 없고 사라진 도시와 숨겨진 보물이라는 환상을 자아내지도 못해 경제적 투자를 기대하기도 어려운 실정이다.

우리가 젠네제노에 대해 살펴본 것처럼, 고고학자들이 과거의 패턴에 대해 깜짝 놀랄 만한 발견을 하는 데에 반드시 많은 유물이 필요한 것은 아니다. 그렇지만 현대적인 연대 추정 기술조차 아직은 만족할 만큼 발전된 방편이 아니어서, 확인된 연대기를 뒤집을 만한, 검증되지 않은 추상적인 주장을 피하기 위해서는 자료들의 앞뒤 맥락을 주의깊게 살펴보아야 한다. 예를 들면 니제르의 테르미트(Termit) 지역에서 철을 제련하는 원주민들의 기술 혁신에 대해 방사성탄소를 이용하여 연대가 계산된 이후에도 수십 년간 상당한 논란이 지속되고 있다. 요컨대, 아프리카에서 고고학자들은 기술적이고 현실적인 어려움에 무척 고전하고 있다. 이런 현상의 일부는 정치적 불안정성에, 다른 일부는 현장 연구비 부족에 기인한다. 이 두 가지 요인이 아프리카 대학의 고고학과가 발전하는 데 걸림돌이 되고 있다. 수전 키치 매킨토시(Susan Keech McIntosh)[12]는 '개발, 농사 또는 도굴로 인해 모든 것이 사라지기 전에 아프리카의 고고학적 과거에 대한 정보를 긴급하게 복구'하는 것이 우선 과제가 되어야 한다고 호소한다.

이런 한계에도 불구하고, 고고학은 아프리카 예술사 연구에서 중요한 역할을 맡고 있다. 예술사는 역사와 밀접하게 관계되어 있지만 하나의 학문 분과로서 구별된다. 역사학자들은 주로 문자 또는 구전 텍스트를 다루는 반면에 예술사학자들은 형식과 이미지를 연구한다. 형식과 이미지에는 역사적으로 중요한 의미가 내포되기 마련이다. 헨리 존 드루월(Henry John Drewal)[13]에 따르면 '마음과 손으로 만드는 창작물은 역사와 사회 여건에 특수하게 뿌리를 두고 있기 때문에, 그 제작자의 사유 방식과 시간의 흔적'이 담겨 있다. 그러나 어떻게 형식이 '예술'로 간주될 수 있는가? 여러 가지 모습을 지닌 ('종교'와 같은) 인류 문화의 다양성을 하나의 용어로 다 드러낼 수 없는 것처럼, 학자들은 아프리카의 실상에 서구의 인식 틀을 억지로 적용하지 않도록 각별한 주의를 기울여야 했다. 아프리카에는 '예술(art)'을 뜻하는 단어가 없는 언어도 있고, 있는 언어도 있다. 예를 들어 요루바어로 '오나(ona)'라는 단어는 관찰자들에게 감동과 교훈을 주고자 고안된 사물의 변형을 광범위하게 뜻한다. 최근 일부 학자들은 '예술'이라는 말의 배타적인(그리고 종종 유럽 중심적인) 개념에 반하여, 자신들의 분야를 '시각 문화(visual culture)'로 재정의하고 영화, 텔레비전, 의상, 신체 장식과 같은 대중적인 형태까지 그 안에 포함시킨다.

일찍이 1470년대부터 서아프리카의 조각이 유럽에 유입되기 시작했음에도 불구하고, 서양이 '아프리카 예술'을 진정으로 인식하기 시작한 것은 식민 정복을 통해서였다. 하나의 중요한 순간은 1897년 베닌(Benin, 오늘날 나이지리아)에서 영국군이 유물들을 약탈한 사건이었다. 이 유물들 중 다수는, 특히 유명한 '베닌 브론즈'(Benin bronzes, 실제로 거의 황동이 사용됨)와 같은 유물들은 유럽의 박물관이나 전시관으로 들어갔다. 이 예술품들에 강한 인상을 받은 이들은 예술품들을 수집하기 위해 원정대를 파견하기 시작했다. 1907년에서 1909년 사이에 민족학자 에밀 토르데이(Emil Torday)가 영국박물관을 대표하여 콩고 남부의 쿠바 왕국에 파견된 것이 한 예이다. 또 다른 예는 1905년경 파블로 피카소와 파리에서 활동하는 아방가르드 작가들이 서부와 중부 아프리카에서 조각을 발견한 것이다. 20세기에 아프리카 음악이 대중음악을 변형시킨 것처럼, 아프리카 조각 예술의 수출도 형식 개념의 현대적 혁신에 크게 기여했다. 자연주의를 대놓고 무시하는 듀크 엘링턴 음악의 야생적인 울림에 흥분했듯, 모더니스트 예술가와 사상가들은 아프리카 문화의 원기 왕성하고 해방감 가득한 '원시주의(primitivism)'를 자유롭고 폭넓게 수용했다.

하지만 '원시적인 예술'에 열광한 유럽인들은 단지 그 형식에만 관심이 있었고, 그것의 역사적인 면은 물론이거니와 기능이나 맥락에 주목하지 않았다. 식민 시대와 그 이후에 아프리카 유물들이 서방의 박물관과 개인 수집가들에게 흘러들어갔지만 몇 안 되는 작품만 제작 연대가 확인되었고, 개별적인 작가나 제작 장소는 거의 알려진 게 없다. 그렇다보니 전형적인 부족의 양식에 따라 이름을 붙였다. '루바족의 걸상', '도곤(Dogon)족의 가면', '쿠바족의 조각', '코타(Kota)족 조상들의 모습' 등. 이처럼 종족적인 속성들이 '부족'이라는 개념처럼 영원히 변하지 않는 것으로 지나치게 단순화되어 오해를 불러일으켰다. 이는 아프리카 예술사가 부상하는 데 장애로 작용했고, 시간과 공간에 따라 문화의 흐름이 변하는 것을 재구성하려는 역사학자들의 노력에도 도움은커녕 방해만 되었다.

아프리카 예술사와 역사의 연계는 아직 미미하지만, 그 가능성은 대단하다. 많은 예술사학자는 '예술'을 중요하게 다루는 만큼 '역사'를 연구 분야의 일부로 취급하고 있으며, 더 많은 역사학자는 예술을 좀더 폭넓은 변화 패턴의 반영이자 필수 요소로 이해하고 있다. 예술작품은 '텍스트'가 아니다. 그렇지만 주의깊게 들여다보면, 예술작품이 아무것도 드러내지 않는다고 할 수도 없다. 학자들은 서구의 미학적 평가 기준을 토착 아프리카인들의 인식으로 점차 바꾸고 있다. 시대착오적인 부족의 도상학(圖像學)을 좀더 유연한 '전통의 이동 과정(stream of tradition)'으로 대체하고, '순수 미술(fine art)'에 초점을 맞추는 협소한 시각에서 벗어나 시각 문화(visual culture)를 더 넓고 포괄적으로 수용하고 있다. 또한 조각과 공연 예술 사이의 긴밀한 관계와 서부 및 중부 아프리카의 가면과 분

12. 예술과 역사적 기억. 쿠바 왕 코트 아페(Kot aPe, 1902~16)의 궁전에서 한 공무원이 18세기의 왕 미샤페일렝 안세(MishaaPelyeeng aNce)를 묘사하는 왕조의 조각을 만지고 있다. 현재는 영국박물관 소장. 1909년 쿠바의 수도 은셍(Nsheng, 오늘날 콩고민주공화국)에서 에밀 토르데이 혹은 힐튼심프슨(M. W. Hilton-Simpson)이 촬영.

장 사이의 매우 명확한 관계에 대해 점차 이해의 폭을 넓혀가고 있다. 이러한 발전은 학구적인 저술뿐 아니라, 1995년 런던에서 소개된 〈아프리카—대륙의 예술〉과 2005년의 〈아프리카—대륙의 현대 예술〉과 같은 아프리카 예술의 주요 전시 행사에도 잘 반영되고 있다.

문자 기록 자료 2

이런 방법론의 혁신과 여러 학문의 절충은 아프리카 역사 분야를 풍성하게 했다. 그러나 다른 대륙의 역사처럼 아프리카의 역사도 여전히 문자로 기록된 자료가 핵심적인 자리를 차지한다. 말하자면 어떤 사건이 역사로 기록될 수 있느냐의 여부는 문자 자료의 유무와 그 자료의 성격에 따라 결정된다. 따라서 전쟁 후 아프리카 역사 선구자들이 문서 보관소를 탐험하기 시작한 이래로 일반적인 의미의 기록 자료의 양과 범위가 상당히 많이 증가했다는 사실에 주목할 필요가 있다. 자료의 양이 증가함에 따라 자료를 대하는 자세도 바뀌어왔다.

외부인이 작성한 기록의 재평가를 통해 그 기록의 결점뿐 아니라 그 가치도 재검토되고 있다. 현대의 비판적인 저술들은 유럽어와 아랍어로 된 기행문학 중 일부가 다른 사람들의 책을 짜깁기한 탁상공론이라고 폭로하고 있다. 그렇지만 상당수는 아프리카에 오래 머물렀던 사람들의 지역문화, 정치, 그리고 심지어는 과거의 사건에 대한 진정한 실제의 통찰이 담긴 독특하고 생생한 이야기라는 사실도 말해주고 있다. 마찬가지로, 비록 많은 이들이 한때 선교사들을 문화적 제국주의자로서 식민 정복에 앞장섰던 사람들로 여겼지만, 이들이 남긴 보고서는 복잡한 개종 과정과 문화적인 변화에 대해 중요한 통찰을 보여주기도 한다. 그리고 노예무역에 대한 기록들도 남아 있다. 아프리카인에 대한 기록 자료집 중에서 가장 폭넓고 아마도 가장 가치 있을 듯한 기록을 최근 편찬된 대서양을 횡단한 노예선의 항해 자료에서 찾아볼 수 있다는 것은 그야말로 고통스러운 아이러니가 아닐 수 없다(4장 참조).

예전 제국주의 종주국들의 정부 기록 보관소와 아프리카 국가들의 기록 보관소에서 과거 식민 시대의 거의 모든 공식 문서들을 이제는 열람할 수 있게 되었다. 이러한 자료들을 살펴보면 편향성이나 인종적 우월감이 생각했던 것보다는 훨씬 덜해 보인다. 이는 제국주의적 권력에 복종하는 일사불란한 목소리보다는 다양한 입장의 불협화음을 드러낸 듯하다. 이 중 상당수는 아프리카인의 것인데, 식민 지배에 편입된 사람들뿐만 아니라 여성들, 가난한 사람들, 그리고 심지어 노예를 비롯한 저항자들의 목소리가 담겨 있다. 이토록 많은 이의 관심을 끄는 아프리카 사람들의 목소리는 종종 많은 분량의 법정 기록을 통해 생생하게 드러나기도 하는데, 이 법정 기록들은 어디서나 오랫동안 사회역사학자들에게 중요한 자료로 인정되어왔다. 여기에는 1880년대부터 1960년대까지 개설되었던 잔지바르 법정의 송사(아랍어 사용)의 예 같은, 토착 아프리카인 재판관이 주관했던 소위 '원주민 법정'의 기록도 포함된다.

상상력에 기반한 문학작품을 비판적으로 수용함으로써 역시 상대적으로 많지 않은 아프리카인의 일대기와 자서전을 보완할 수 있으며, 많은 자료들이 이런저런 개인들을 너무 단순하게 묘사한 내용들을 좀더 자세히 구체화하는 데 도움이 될 수 있다. 예를 들어 노벨 문학상을 받은 나이지리아 작가 월레 소잉카의 3부작 『아케*Ake*』(1981), 『이사라*Isara*』(1990), 『이바단*Ibadan*』(1994)은 한 가족의 문서 자료와 작가 자신 그리고 다른 사람들이 수집한 자료를 통해, 드라마같이 생생한 감각과 시적인 상상력으로 험난했던 식민 시대와 그 이후의 삶을 탁월하게 묘사한다. 그리고 남아공 소설가 피터 에이브러햄스(Peter Abrahams)의 『우도모에게 바치는 화관*Wreath for Udomo*』(1956)보다 20세기 중반 런던에서 독립운동을 이끄는 젊은 아프리카 국가주의자가 얼마나 혹독한 삶을 살았는지를 더 잘 보여주는 기록은 없다. 조각 예술과 같이 문학도 역사적인 변화의 내용이고 또 그 반영이기도 하다.

안타까운 것은 아프리카의 기록 보관소들이 매우 열악한 상태에 있다는 점이다. 1960년대에는 국가 수립 국면에서 역사가 중요한 요소로 인식되었지만, 오늘날에는 정치가들이나 기득권 관리들의 다른 우선순위—그것이 이익 추구이든 실제로 칭찬할 만하든—에 밀려나, 기록 보관소를 단지 불필요한 사치로 간주하는 경우가 허다하다. 오래된 문서, 편지, 신문, 지도, 사진 등과 같은 자료들은 보관하자면 비용도 많이 드는데다, 종종 방치되어 적도 기후와 벌레로 수많은 자료가 사라져가고 있다. 몇몇 나라에서는 새로운 정부 간행 문서의 수납이나 목록 작성이 늦어져, 기록 보관소에 식민 지배 시대의 기록들만 온전하게 남아 있다. 만약 이 지역의 역사학자들이 대를 이어 이 자료들을 이용했다면 이러한 자산들이 제대로 보전되었을 것이다. 그렇지만 많은 아프리카 대학 역시 1970년대부터 추락하는 경제에다 정치적 소용돌이로 인해 재정적인 어려움을 겪고 있으며, 정부가 전복되고 인프라가 파손되는 최악의 경우, 그 많은 과거의 기록들이 사라질 위험은 더욱 커진다.

이런 상황 설명을 이렇게 끝낸다면 지나치게 비관적일 듯하다. 확실히 20세기 들어 읽고 쓰기가 광범위하게 확장되기 이전에 대해서는, 개인의 경험과 그 경험이 어떻게 이해되었는지를 알아낼 수 없다. 사료가 모자랄 경우, 역사학자들이 많은 사람들의 생각과 감정을 근본주의적으로 일반화하는 경향에 빠지기 십상이다. 아직도 어느 지역에서는 많은 자료들이 외면받는 반면 다른 쪽에서는 계속 발견되기도 한다. 예를 들어 북아프리카와 터키의 문서 보관소에서는 사하라 이남 아프리카에 대한 엄청난 자료들이 소홀하게 다뤄지지만, 팀북투에 있는 아흐마드 바바 역사 문서 연구 센터(Ahmad Baba Historical Documentation and Research Centre, 1973년 설립)에서는 현지에서 작성된 아랍어 자료 약 2만 점을 통해 사하라 변경의 고대 도시들이 학문과 교육의 중심지로서 어떤 역할을 했는지를 알 수 있다. 아프리카에서 역사를 연구하는 일은 대단한 열정을 요구하는 험난한 도전이지만, 아프리카 대륙 안팎의 신세대 학생들은 새로운 자료들을 계속 찾아내고 있으며, 과거를 재구축하기 위해 옛 자료를 재해석하고 있다.

제 4 장

세계 속의 아프리카

지금까지는 역사학자들이 다루는 자료와 방법론에 대해 살펴보았지만, 이 장에서는 역사학자들이 복구해낸 몇 가지 역사에 초점을 맞춰보자. 또한 아프리카 역사의 특수성은 접어두고, 좀더 넓은 범위의 세계사와 아프리카 역사가 어떻게 관련되는지를 살펴보자. 아프리카의 역사는 세계 다른 지역의 역사에 어떻게 편입되었나? 아프리카의 행로를 결정한 힘은 이 대륙의 내부에 있었는가 아니면 이 바깥에 있었는가? 나아가, 아프리카 사람들은 자신들의 운명을 스스로 결정할 수 있었는가?

이러한 질문들은 아프리카 역사에 대한 학문적인 연구가 50년 전에 시작된 이후 지금까지도 해결되지 않고 있으며, 세계화가 가속되는 이 시대에 그 어느 때보다 점점 더 부각되는 문제들이다. 아프리카 역사 연구의 선구자들은 이 질문들에 천착하면서 아프리카를 인류 발전의 주요 흐름에서 고립된 대륙으로 취급하는 유럽의 시대착오적 신화를 타파하려는 사명감을 갖고 있었다. 그러한 측면에서 이뤄진 발전은 부정할 수 없다. 그렇지만 21세기를 시작하면서, 서양(과 '동양')의 많은 사람들에게 아프리카는 세계적인 이슈의 변경으로 밀려나는 듯이 비치고 있으며, 점차 더 그렇게 되어가고 있다. 구대륙의 다른 지역, 특히 중국과 인도의 경제력이 세계 무대에 우뚝 서면서, 아프리카는 더욱 뒤처지는 듯하다. 빈곤, 부채, 부패, 갈등에 빠진 이 대륙은 여전히 길을 잃고 헤매는 중이며 '특수한 곳'으로 인식되고 있다.

지역사의 한없이 다양한 면모와 그보다 더 광범위한 영향을 미치는 인간 외적인 힘들(impersonal forces) 사이에서 균형을 유지하는 역사 서술은 세상 모든 역사학자의 숙제다. 특히 아프리카 연구자들은 과거로부터 내려오는 고색창연한 인종적 신화들의 의미를 해석해내면서 동시에 아프리카의 역사 경험의 특징도 파악해야 했다. 그 특징을 설명하면서 아프리카 역사의 독특하고 자율적인 면을 지나치게 강조하면, 위험스럽게도 이 대륙이 본질적으로 차이가 있으며 다른 대륙들과 격리되어 있었다는 오래된 편견을 강조하는 꼴이다. 반면 세계의 다른 지역과 아프리카의 관계성을 두드러지게 강조하면, '강력해진 서양'에 의해 주도되었던 일방적인 세계사적 과정 속에 아프리카 역사의 독특함이 묻혀버릴 위험이 있다. 이 문제는 토착민들 고유의 지식과 상상력이 서양 관점에 따라 '전용'될 수 있다는 우려가 커지면서 더욱 심각해지고 있다. 아프리카의 용어로 아프리카의 논리에 따라 아프리카의 과거를 재현할 때, 사료에 대한 자의적인 원칙과 '보편적 진리'에 대한 열망을 품고 있는 역사학이 과연 적합하겠는가?

서양 아닌 다른 지역에서 서술되는 역사 서사에서도 세계사에서 아프리카의 역할은 찾기 어렵다. 베일리(Christopher Alan Bayly)[1]의 책 『근대 세계의 탄생*The Birth of the Modern World*』(2004)이 이런 면을 잘 보여준다. 남아시아 역사를 연구하는 베일리는 '근대성'의 발현에 대한 유럽 중심적인 기존 서사에 이의를 제기하고, 근대화되는 과정을 서양이 아닌 상호 연결된 세계에 재배치했다(다시 한번, 최근 이슈인 '세계화'가 어떻게 역사학자들로 하여금 과거에 대해 다시 생각하도록 자극하는지 볼 수 있다). 그러나 그의 획기적인 저서에서마저도 사하라 이남 아프리카의 존재는 언급조차 되지 않은 채 역사의 변두리로 밀려나 있다.

지역적인 것과 세계적인 것이 상호 배타적이지는 않다. 아프리카에 대한 최근의 많은 저작은, 애매한 지점, 즉 지역적인 것과 세계적인 것이 충돌하는 '경계(liminal)'에서 양자 간의 상호작용이 어떠했는지와, 그 상호작용에 따라 생겨난 특이하고 새로운 문화 형태에 초점을 맞추고 있다. 이러한 문화 형태는 한때 서양 진보의 전유물로 여겨진 근대성만큼이나 근대적이다. 이 근대성이 꼭 좋은 것이라고 볼 까닭도 없다. 프랑스의 저명한 아프리카 연구가 장프랑수아 바야르(Jean-Francois Bayart)[2]에 의하면, 역사적으로 아프리카 안에서 권력을 공고히 다져 나라를 세우려 했던 인물들은 그 과정에서 겪어야 했던 어려움들로 인해 소위 '외세 지향적' 전략, 즉 '외부 세계와의 (아마도 불평등한) 관계를 수단으로 동원하는' 전략을 취할 수밖에 없었다. 비록 바야르는 정치학자로서 아프리카의 현대 정치 지도자들 대부분의 비리와 부정에 더 관심을 갖지만, 이런 외세 지향적 전략의 가장 눈에 띄는 예는 일부 아프리카 지배자들이 노예무역에서 수행했던 핵심적인 역할이다.

내적인 것과 외적인 것, 지역적인 것과 전체적인 것, 특수와 보편, 이런 개념들이 사료를 체계화하고 생각하는 단순한 틀이다. 그리고 사료가 쌓이면 아주 가끔씩 근본적인 발상의 전환이 이뤄진다. 이런 전환 중 하나가 앞에서 살펴본 대로 젠네제노에서의 고고학적 발굴이었으며, 이것이 서아프리카의 수단 지역에 도시와 '복합 사회'가 생겨난 원인을 설명하기 위해 역사학자들이 외적 요소보다는 내적 요소에 천착하게 만든 큰 계기였다. 이 장에서는 아프리카 역사의 중요한 네 가지 주제인 이슬람과 기독교의 영향, 노예무역, 아프리카 디아스포라, 19세기 격동의 변화를 통해 아프리카와 세계의 상관관계를 고찰한다.

콩고인 성자 안토니: 세계종교와 아프리카

1706년 7월 2일 콩고 왕국의 에불룰루(Evululu, 현대 앙골라 북부)에서 도나 베아트리츠 킴파 비타(Dona Beatriz Kimpa Vita)가 화형에 처해졌다. 스물두 살이었던 그녀의 죄목은 이단과 주술이었다. 2년 전 그녀는 성 안토니의 영혼이 자신에게 빙의되었다고 선언하고, 1660년대부터 내전 상태에 빠져 있던 왕국을 재통일하기 위해 대중적인 종교운동을 시작했다. 성 프란치스코 정신을 따르는 이탈리아의 카푸친 수도회 기록에 의하면, 베아트리츠는 기독교 역사를 급진적으로 재해석하여, 예수, 마리아, 성 프란치스코(카푸친의 수호성인)가 사실 전부 콩고 사람들이었다고 주장했다. 1620년 키콩고어로 번역된 교리문답에 따르면, 그녀는 성모 마리아에게 바치는 살베 레지나(Salve Regina) 기도문을 자신의 중심 말씀으로 삼으면서 단어를 바꾸어 '살베 안토니아나(Salve Antoniana)'를 만들었다. 이 종교운동은 전성기에 예전 콩고의 수도인 사오 살바도르(São Salvador)를 장악했지만, 그 이후 얼마 안 돼 그녀는 적대적인 왕당파 중 하나의 손에 넘어갔다. 처형 이후 정치적인 혼란이 반복되면서, 많은 안토니아파와 함께 수많은 콩고 농부들이 군벌들에 의해 대서양 노예무역으로 팔려가는 운명을 맞게 된다.

노예무역은 잠시 미뤄두고, 먼저 베아트리츠 킴파 비타의 비극을 기독교 역사의 한 에피소드로 검토해보자. 기독교 전파의 시작을 데이비드 리빙스턴 같은 19세기 빅토리아시대 선교사들과 연관 짓는 사람들에게는 17세기에도 아프리카인 천주교 신자들이 있었다는 사실이 놀랄 만한 일일지도 모르겠다. 그러나 천주교가 콩고에 전해진 것은 1491년 포르투갈 뱃사람들이 콩고 왕국에 처음으로 성직자를 인도하고 은징가 은쿠우(Nzinga-a-Nkuwu)가 첫 기독교 통치자인 주앙 1세(King João I)로 세례를 받은 때로 거슬러올라간다. 이 왕의 아들인 알폰소 1세(Afonso I, 1509~43) 치세하에서 천주교는 국가의 공식 제례가 되었고, 킨도키(kindoki, 토착 무속 종교에서 믿는 영적 힘)를 행사하던 정적들과 대항할 때에도 천주교가 동원되었다. 이때부터 천주교가 귀족층에서 일반 대중들에게 전파되기 시작했고, 베아트리츠시대와 그 이후에 킨도키의 요소들과 혼합된 현지 '민속 천주교'가 탄생한다. 따라서

성 안토니의 영이 임한 베아트리츠의 빙의는 그녀의 '영매(은강가, nganga)' 역할에 비추어 이해해야 하며, 많은 사람들이 세례를 받고 싶어했던 이유는 은도키(ndoki), 즉 '마녀'(그녀 자신의 처형 이유가 되었던)로부터 보호받기 위해서였다고 봐야 한다.

유럽 역사에서 노예무역 시대 대서양 아프리카에 기독교를 전파하기 위한 시도 중 콩고는 드물게 성공한 사례 중 하나다. 콩고 신자들이 천주교를 재해석하고 상상한 방식은 기독교와 이슬람을 아프리카 지역문화에 통합하는, 다시 말하자면 영적 자산을 전용하는 전형적인 방식이었다. 소위 이 두 세계종교의 전용 또는 '아프리카화' 과정은 거의 초기부터 진행되었고, 현재까지도 지속되고 있으며, 이는 아프리카의 사회사 및 지성사 측면에서 가장 역동적으로 발전한 영역 중 하나다.

세계종교와 얽힌 아프리카 역사의 깊이와 복잡성을 과소평가하지 말아야 한다. 북아프리카는 초기 기독교의 주요 중심지였다. 먼저 이집트로, 그리고 나머지 로마령 아프리카(Roman Africa)로 기독교가 퍼져나갔다. 4세기부터 이집트 콥트 교회(콘스탄티노플 정교의 분파) 역시 남부의 이집트 악숨(Aksum)과 누비아(Nubia)로 선교사를 파견했다. 에티오피아에서는 고대 유대교 요소들을 포함하는 상당히 독특한 형태의 기독교 신앙이 지역사회에 확고하게 자리잡았고, 3장에서

13. 콩고 기독교. 한 카푸친 수도사가 콩고 왕국(현재의 앙골라) 소요(Soyo) 지방에서 미사를 집전하고 있다. 1743년부터 1747년까지 소요에서 선교 사역을 했던 베르나디노 이그나치오(Bernadino Ignazio)의 수채화, '콩고 왕국, 앙골라 및 인접 왕국에서 카푸친 사제의 현지 사역' 원고의 삽화, 1747년, 토리노 시립 도서관.

언급한 케브라 나가스트('왕들의 영광')의 기록을 따라, 정치적인 정통성이 성경에 나오는 솔로몬왕으로부터 내려온다. 기독교 전사 왕들(warrior-kings)은 강인한 마음을 가진 수도원 성자들과 연대하여 고지대로 그들의 신앙 경계를 넓혀갔으며, 무슬림과 이교도인 적들에 대항하여 그들의 새로운 시온(Zion)을 지켜나갔다. 북아프리카와 누비아에서는 기독교가 이슬람의 확장으로 무너졌지만, 에티오피아 교회는 현재까지 지속되고 있다.

마그레브 지역을 지나 사하라를 넘고 동아프리카 해안으로 퍼져나간 이슬람 역시 현지화되었지만, 그렇다고 이슬람이 기존 신앙 체계에 흡수되어 그 근본이 '희석'되지는 않았다. 아프리카 무슬림 사회의 주요 역사학자인 데이비드 로빈슨(David Robinson)이 지적한 대로, '아프리카화'(또는 좀더 정확하게 베르베르화, 스와힐리화, 만딩크화 등등)가 '아프리카 이슬람', 즉 프랑스 식민주의적 상상력의 소산인 열등한 흑인 이슬람이 형성되었다는 의미는 아니다. 기독교와 마찬가지로, 아프리카에서 이슬람은 이단적인 수피 교단부터 가장 정통적인 혁신운동까지 매우 다양한 모습을 보인다. 혁신운동 중 가장 두드러진 사례는, 알모라비드 왕조가 신앙을 '정화(purify)'하기 위해 11세기 서부 사하라에서 일으킨 호전적인 베르베르 운동이다. 수도 마라케시를 세우고 모로코와 스페인에 새로운 왕조를 구축한 이들은 끈끈이 이어지던 '이교도'의 영향력을 씻어내고 이슬람 국가의 수립을 추구하는 후일의 서부 아프리카 지하드(jihad) 운동의 선구가 된다.

북아프리카와는 달리, 빌라드 아스수단에서 이슬람이 성장한 배경은 정치적인 정복이나 현지 문화의 아라비아화가 아니었다. 수 세기 동안 이슬람은 '이교도'가 지배하는 땅에서 소수 신앙의 자리를 지켰을 뿐이다. 중세 말리 또는 송가이같이 이슬람으로 개종한 엘리트들이 지배한 나라들에서조차 현지 신도들은 종종 자신들이 생각하던 것을 뒤집어엎는 새로운 종교를 찾기보다는 기존의 생활방식과 조화를 이루는 길을 모색했다. 그러나 점차 쿠란에 초점을 맞춘 무슬림 공간, 무슬림 시대, 무슬림 영적 문화의 일부로 편입되었다. 솔로몬의 후예임을 주장하는 에티오피아 왕들처럼(그리고 베아트리츠가 주장한 콩고인 예수처럼), 많은 사람들이 선지자 또는 선지자의 동반자까지 거슬러올라가는 혈통을 만들어서, 신앙 안에 역사적으로 자신들의 뿌리를 박고자 했다. 이런 애착이 그들에게 바라카(Baraka, '은총')[3]를 준다고 믿었다. 또한 지역 공동체를 초월하는 폭넓은 정체성이 뒤따르게 되었고, 20세기에 부상한 '아프리카인'이라는 개념을 더욱 복잡하게 만들었다.

개종, 이슬람과 기독교의 '아프리카화', 종교적인 지식 체계의 새로운 형태와 새로운 정체성의 탄생, '주술'과 같은 관념

속에 들어 있는 세계 인식 등의 이슈는 최근 많은 역사 연구의 최첨단 주제로 떠올랐다. 이전까지 아프리카의 종교는 주로 인류학자들(토착신앙의 경우)이나 종교 연구 분야(세계종교의 경우)에서 접근했던 주제였다. 그러나 20세기 내내 기독교와 이슬람이 광범위하게 아프리카 대륙에 퍼져나갔고, 두 종교가 다양하게 현지화된 형태가 나타나면서, 역사학자들은 더이상 종교적 만남이라는 주제를 무시할 수 없게 되었다. 아프리카 사람 대다수가 무슬림 아니면 기독교인이라고 밝히고 있고, 그 수는 비슷하다. 21세기의 관점에서 보자면, 이런 종교적인 제휴가 아마도 아프리카와 세계 사이의 가장 눈에 띄는 역사적 교류일 것이다.

그렇긴 하지만 아프리카의 종교적 변화에 있어 가장 중요한 질문들 중 다수는 인류학자들이 제기하고 있다. 예를 들어, 기독교와 콩고의 조우의 역사를 20세기까지 확장하는 데 큰 영향을 끼치고 있는 와이어트 맥개피(Wyatt MacGaffey)[4]는 베아트리츠 킴파 비타의 예언자적 비전을 승계한 1920년대 복음주의자 시몬 킴방구(Simon Kimbangu)가 현대적인 종교운동을 어떻게 이끌었는지를 추적한다. 과거에 사람들이 세계를 어떻게 이해했는지, 그리고 그 세계에서 자신들의 위치를 어떻게 생각했는지와 같은 문제를 포함한 종교적 믿음과 실천의 역학은 재구성하기가 까다로울뿐더러 종종 논란이 되기도 한다. 그중 한 가지 중요한 논점은 아프리카 사람들이 기독교의 선교에 어떻게 대응했느냐에 관한 것이다. 오늘날 보츠와나와 남아프리카에 살던 츠와나(Tswana) 사람들 입장에서 기독교 선교를 주제로 연구한 『선교와 투쟁에 대하여*Of Revelation and Revolution*』에서 인류학자인 코마로프 부부(Jane & John Camaroff)는 복음 전도가 '의식의 식민지화' 그 이상도 이하도 아니라고 주장한다. 요컨대 기독교는 개종자들에게 강요된 패권주의적인 유럽 세계관의 핵심 요소였다.

다른 의견을 가진 사람들도 있다. 그중 한 명인 인류학자 필(J. D. Y. Peel)[5]은 요루바 기독교에 초점을 맞춘다. 『요루바의 종교적 만남과 성립*Religious Encounter and the Making of the Yoruba*』(2003)에서 저자는 기독교가 의식의 식민지화가 아니라 능동적인 전용 과정이라고 주장한다. 그가 보기에 요루바 기독교인들은 기독교 신앙을 자신들의 것으로 만들려고 애쓰면서 진보적인 지역 서사에 이 신앙을 통합하여 '요루바족' 자체의 의미와 콘텐츠를 재구성했다. 이런 해석의 차이는 츠와나족과 요루바족의 역사적인 경험을 비교하면 어느 정도 설명된다. 이는 또한 참고한 자료의 성격 때문일 수도 있다. 코마로프 부부는 유럽 선교사들의 기록에 중점을 둔 반면 필은 요루바 전도사들의 일기를 주요 근거로 삼았다. 어느 정도 한계를 드러내는 주장들이기는 해도 여기에는 세계의 현대사를 구성하는 초국가적 네트워크가 탄생하는 과정에서 아프리카의 역할이 어느 정도였는지를 묻는, 좀더 근본적인 논쟁 주제 역시 반영되어 있다.

죽음의 길: 아프리카 역사에서의 노예무역

대서양 노예무역에 관한 주제보다 더 두드러지거나 더 격렬한 토론 주제는 어디에도 없으며, 그 이유를 이해하는 것도 그리 어렵지 않다. 1440년대에 포르투갈 뱃사람들이 처음으로 아프리카 사람들을 납치하고 구매하기 시작하여, 마지막 아메리카행 노예무역선의 운항으로 기록된 1867년까지 약 1,200만 명의 남자, 여자, 아이들이 상품이 되어 아프리카에서 수출되었다. 이 빈약한 통계에는 노예무역을 반대했던 운동가들이 '혐오스러운 무역'이라 지칭했던 폭행, 유린, 타락상이 제대로 반영되어 있지 않다. 노예사냥, 전쟁 그리고 아프리카 사회의 붕괴로 사라져간 헤아릴 수 없이 많은 생명이나 배에 오르기 전 질병과 학대로 죽어간 포로들도 포함되어 있지 않다. 대서양 무역이 아프리카 노예제도를 확장하고 강화하는 촉매제 역할을 하면서, 노예로 전락하기는 했지만 수출되지는 않았던 사람들도 제외되어 있다. 아메리카 노예제도라는 가마솥에서 태어나고 죽어간 아프리카 사람들도 마찬가지다. 조지프 밀러는 구조화된 이 수난의 역사를 한마디로 "앙골라 노예무역은 '죽음의 길'이 되었다"라고 묘사했다.

더욱이 아프리카 노예무역은 대서양에만 국한되지도 않았다. 서기로 첫 밀레니엄이 끝나갈 무렵, 포획된 노예들이 서아프리카에서 사하라를 지나 홍해 건너로, 그리고 동아프리카 연안으로부터 북아프리카, 지중해, 중동, 인도양까지 팔려나갔으며, 이 사업은 대부분 무슬림들이 운영했다. 이 사실은 대서양 교역에 비해 거의 알려져 있지 않으며, 노예가 된 사람들의 수에 대한 통계 자료가 거의 없는 실정이라 짐작에 의존할 수밖에 없다. 이제 역사학자들은 1천 년이 넘는 기간 동안 이런 복합 교역의 형태로 비슷한 규모의 인구가, 말하자면 또다른 1,200만 명이 노예로 희생되었으리라 추정한다. '무슬림' 무역은 한 가지 중요한 관점에서 대서양 무역과 다르다. 대서양 무역에서 희생자들은 아메리카의 플랜테이션 농장과 광산에 생산 노동자로 팔려나갔지만, 무슬림 무역에서는 첩이 되는 등의 가사 노역으로 그 역할이 한정되어 있었다. 이런 까닭에 아프리카 여자들보다 남자들이 두 배 더 많이 대서양 너머로 팔려갔고, 반면 아프리카 남자들보다 두 배 더 많은 여자들이 무슬림 지역으로 팔려갔을 것으로 추정된다.

1960년대에 시작된 대서양 노예무역 연구는 처음에 단순히 노예 숫자를 파악하는 데 집중했다. 소위 중간 항로(Middle

Passage)[6]를 통한 아프리카인들의 강제 이송 인구는 한동안 2천만, 심지어는 5천만 명까지 부풀려져 인용되었고, 이는 수십 년간 심혈을 기울인 연구뿐 아니라 노예로 전락한 사람들의 기억에도 해가 되었다. 노예무역의 전체 규모는 1999년에 출판된 기념비적인 저작 『대서양 횡단 노예무역*The Trans-Atlantic Slave Trade: A Database on CD-ROM*』을 통해 밝혀졌는데, 여기에서는 1527년부터 1867년까지 아프리카에서 신세계로 항해한 2만 7천 건 이상의 노예무역에 대해 자세히 설명한다. 중간 항로에 관한 연구는 계속되고 있다. 1699년에서 1845년 사이에 55회 이상 발생한 선상 반란을 예로 들 수 있는데, 그중 가장 유명한 사건은 스티븐 스필버그의 영화 〈아미스타드 Amistad〉의 소재가 되기도 했다. 그러나 아프리카를 연구하는 역사학자들은 이제 아프리카 대륙 안의 노예사냥 범위에 관심을 기울이고 있다. 현재 유네스코의 후원을 받아 '노예 로드(Slave Routes)' 프로젝트의 일환으로 진행중인 나이지리아 오지 프로젝트(Nigerian Hinterland Project)는 광대한 노예사냥터에서 '노예 해안(현대의 토고와 베냉)'과 나이지리아의 사바나 지역 항구로 수 세기 동안 잡혀갔던 수백만 명의 뿌리를 추적한다.

대양을 오간 노예무역이 아프리카 역사에서 어떤 역할을 했는지 평가하는 작업이 매우 복잡하다는 사실을 연구자들

대부분이 수긍한다. 우선 그 규모가 공간과 시간에 따라 엄청나게 변했기 때문이다. 대서양 교역은 4세기 동안 세네갈에서 앙골라까지 서부 아프리카 연안의 여러 지역에 각기 다른 정도의 영향을 미쳤다. 19세기에는 희망봉 주변에서 모잠비크까지 확장되어 인도양 교역의 확장과 겹치기도 했다. 다른 측면들로는, 인구 감소가 장기적으로 어떤 인구학적 영향을 끼쳤는지, 현대 아프리카가 처한 '저개발 상태'에 대한 책임은 어느 정도인지에 대한 문제, 그리고 해외 교역과 아프리카 대륙 안에서의 노예제도 사이의 연관 관계에 대한 문제도 있다. 해외에서의 수요가 이미 존재했던 노예제도에 편승한 것인가? 아니면 해외 수요가 아프리카에 노예제도가 생겨난—아니면 최소한 노예제도를 변형하고 강화한—원인이었을까? 마지막으로, 노예 교역은 현지의 정치적 지형을 어떻게 변화시켰나? 대서양 무역이 이뤄질 때 아프리카 사람들의 역할은 무엇이었나?

이 주제들은 연구에서 중요한 질문들 중 몇 가지일 뿐이고, 이 주제들에 상응하는 대답들의 범위가 너무 넓어서 여기서는 요약조차 할 수 없다. 따라서 이 문제들을 한 걸음 물러서서 세계사에서의 아프리카라는 우리 주제의 맥락으로 생각해보자. 이 모든 논쟁은 아프리카인 중개상과 세계적인 세력의 영향력 사이에서 어떻게 '적절한 균형을 잡을 것'인가, 말하자

14. '한 사슬에 묶인'(coffle, 이 단어는 아랍어로 카라반을 뜻하는 kafila에서 왔다) 노예들. 1850년 3월 16일 우이다(Ouidah, 현재의 베냉)의 포르투갈 항구 밖에서 목격된 장면. 포브스(F. E. Forbes)의 책 『다호메이와 다호메이 사람들』(런던, 1851)의 삽화.

면 내부와 외부 중 어느 영향에 더 중점을 둘 것인가에 초점을 맞추고 있다. 노예무역은 야만적이었고 착취적이었고 인권을 유린한 범죄였다. 그렇지만 이런 몇 가지 특징을 강조하면서 아프리카와 아프리카 사람들을 단순히 수동적인 희생자로 묘사하는 경향이 있었다. 이 주제와 관련하여 중요한 저작 중 하나인 『대서양 세계가 형성될 때의 아프리카와 아프리카 사람들*Africa and Africans in the Making of the Atlantic World*』에서 존 손턴(John Kelly Thornton)[7]은 노예무역 시대에 대서양에서 아프리카 사람들은 단순한 희생자가 아니었고, 서아프리카 해안에서 교역 조건을 통제하고 매매를 주도하면서 자신들의 권력 균형을 유지했다고 지적한다.

이 주장은 논쟁을 불러일으켜왔지만, 아프리카 사람들이 다른 아프리카 사람들을 팔았다는 사실은 너무나 명확해 논쟁거리도 되지 않는다. 포르투갈이 점령한 앙골라에서의 아주 사소한 예외를 제외하면, 유럽인들은 노예무역 역사를 통틀어 해안 지역에 한정되어 활동했고, 강력했던 아프리카인 중개자들로부터 내륙에서 포획된 노예들을 사들였다는 사실은 의심의 여지가 없다. 실제로 노예들의 증언에 따르면 포로들은 정교한 상업적 네트워크를 통해 해안가 항구의 엄혹한 노예 수용소와 지하 감옥으로 옮겨지는 동안 여러 주인의 손을 거쳐가는 것이 보통이었다. 여기서 바야르가 제시한 개념,

즉 강력한 아프리카 국가나 개인이 주변의 약자들을 착취하여 외부세력과 경제적으로 결탁한 '외세 지향성(extraversion)'이라는 개념이 역사적으로 가장 명백하게 부합하는 예를 볼 수 있다. 그러나 균형을 잃고 아프리카인들의 이러한 역할을 강조하다보면, 대서양 세계를 형성하는 데 관여한 대다수의 아프리카인이 희생자였다는 사실을 너무도 쉽게 망각하게 된다.

더욱이 아프리카의 '외세 지향성'은 과장될 수도 있다. 역사학자들은 노예무역의 잔혹성, 도덕적 의미, 상호 연결된 현대 세계가 구축될 때의 영향력을 연구하다가 이끌려온 측면이 있고, 그 실상을 전하는 기록 자료가 상대적으로 풍부하다는 점도 눈여겨봐야 한다. 노예무역은 1930, 40년대 나치 대학살과 같은 아프리카의 '홀로코스트'로 묘사되어왔으며, 과거에 대한 대중의 인식에서 중요한 위치를 차지하고 있다. 그러나 나치의 경우와 마찬가지로 너무 두드러지게 강조되었을지도 모른다는 주장이 있다. 어느 시점 어느 지역에서는, 아프리카 사람들이 자행한 노예사냥이 지역 공동체에 참혹한 영향을 끼치기도 했고, 다른 곳에서는 나라를 세운 사람들과 군벌들이 정치적, 경제적 권력을 장악하는 중요한 수단이 되기도 했다. 그러나 '외세 지향성'이 아프리카 대륙 전체에 걸쳐 삶의 리듬을 지속적으로 형성했던 '국지적'이고 '포괄적인' 다른 역사적 과정을 가리지 않도록 해야 한다.

마홈마 가르도 바카카의 여행: 아프리카와 디아스포라

1854년 미국 미시간주 디트로이트에서 『흥미로운 이야기. 아프리카 내륙의 주구(Zoogoo) 태생인 마홈마 바카카의 전기 *An Interesting Narrative. Biography of Mahommah G. Baquaqua, A Native of Zoogoo, in the Interior of Africa*』라는 제목의 팸플릿이 출판되었다. 어느 정도는 노예 폐지론 선전을 위해, 어느 정도는 선교 활동을 위해 이용된 이 소책자는 미국의 남북전쟁 이전에 등장했던 예전의 노예들이 쓴, 혹은 그들에 대한 많은 이야기 중 하나였다. 이 외의 다른 모든 이야기는 아메리카에서 태어난 노예들에 대한 것이다. 몇 가지 기록은 '다시 포획된 사람들', 즉 영국 해양 순시선이 가로챈 배에서 해방되어 시에라리온, 라이베리아 등지에 정착한 사람들의 경험을 보여주기도 한다. 반면 바카카의 이야기는 중간 항로를 직접 겪은 아프리카 사람이 직접 쓴 몇 안 되는 기록 중 하나다. 가장 유명한 사례는 1789년 런던에서 출판된 올로다 에키아노(Olaudah Equiano)의 이야기이기는 하지만(최근 연구에 따르면 에키아노가 정말 아프리카 태생이 맞는지가 심각하게 의심받고 있다), 바카카의 전기는 더욱 독특하다. 대서양을 건넌 노예의 3분의 1이 브라질로 끌려갔는데, 이 과정을 겪은 노예의 이야기로는 유일하기 때문이다.

아일랜드 노예제 폐지론자 새뮤얼 무어(Samuel Moore) 목사가 편집한 이 책은 놀라운 이야기를 들려준다. 미홈마 가르도 바카카는 현재의 베냉 북쪽에 위치한 교역 도시 주구(Djougou)에서 1820년대 후반에 태어난 것으로 보인다. 그는 부유한 무슬림 상인의 아들로 태어나 코란 학교에 다니고 지방 토호 집안에서 안정된 지위를 갖고 있었다. 그런데 1845년경 납치되어(그는 질투심을 가진 경쟁자의 소행이라 주장한다) 노예로 팔렸고, 다호메이 왕국을 거쳐 우이다의 노예 교역항으로 끌려간다. 거기서 브라질로 수출되고, 페르남부쿠에서 빵 굽는 노예, 다음에는 리우데자네이루에서 한 선장의 노예가 된다. 1847년 뉴욕으로 항해하던 중 겨우 도망친 다음 흑인이 지배하는 아이티공화국을 여행한다. 아이티에서는 미국침례교자유선교(American Baptist Free Mission)의 일원이 되었으며, 1948년에는 자신이 지녀왔던 무슬림의 가르침을 포기하고 기독교로 개종한다. 미국으로 돌아온 다음 캐나다로 간 바카카는 기독교 선교사 신분으로 아프리카로 돌아갈 자금을 모으고자 자신의 전기를 출판한다. 그렇지만 이 팸플릿은 거의 주목을 받지 못했다. 이런 상황에 실망한 그는 1857년에 리버풀로 떠났는데, 그 이후의 기록은 없다.

우리가 알게 된 사실들과 별개로 바카카의 전기 자체도 이례적이다. 대서양을 건너 끌려간 노예무역의 희생자들 중에서 정말 몇 안 되는 사람들만 노예 신분에서 탈출하여 이동의

자유라고 할 만한 것을 경험했다. 노예로 전락했다가 해방된 사람의 이야기로서, 아프리카, 아메리카와 유럽으로 번져가는 물리적·정신적 운동의 이야기로서, 이 전기에는 아프리카 사람들이 겪은 디아스포라의 핵심이 들어 있다. 아프리카라는 개념과 요루바족 같은 특수한 정체성을 검토하면서 아메리카에 있는 아프리카 사람들의 후예들이 어떤 역할을 했는지 앞에서 다뤄보았다. 여기서는 아프리카 역사와 그들의 디아스포라 역사가 어떻게 상호 관계를 맺는지 좀더 넓은 맥락에서 다시 검토해보자. 아프리카 역사는 어디서 끝나고 아프리카 디아스포라 역사는 어디서 시작하는가? 디아스포라는 얼마나 '아프리카적'인가?

이 문제들은 아프리카에서보다는 아메리카에서 좀더 오래된 논쟁거리다. 우리가 살펴보았듯이 초기의 아프리카 출신 아메리카 지식인들은 '흑인종'의 문화적 통일성에 주목했다. 이에 동조한 사람들 중에는 범아프리카주의의 리더들인 듀보이스와 마커스 가비(Marcus Garvey),[8] '네그리튀드' 운동에 참여한 작가들이 포함된다. 이들과 같이했던, 『니그로 과거의 신화*The Myth of the Negro Past*』(1941)로 반향을 일으킨 인류학자 멜빌 허스코비츠(Melville Herskovits)[9]는 아메리카에 있는 흑인들 사이에서 아프리카 문화가 지속되어야 한다고 주장했다. 그렇지만 2차세계대전 후, 세계의 인종을 범주화하는 경향과

AN INTERESTING NARRATIVE.
BIOGRAPHY
OF
MAHOMMAH G. BAQUAQUA,
A NATIVE OF ZOOGOO, IN THE INTERIOR OF AFRICA.
(A Convert to Christianity,)
WITH A DESCRIPTION OF THAT PART OF THE WORLD;
INCLUDING THE
Manners and Customs of the Inhabitants,
Their Religious Notions, Form of Government, Laws, Appearance of the Country, Buildings, Agriculture, Manufactures, Shepherds and Herdsmen, Animals, Marriage and Funeral Ceremonies, Dress, Trade and Commerce, Warfare, Slavery, with an Account of Mahommah's early life, Education, Capture and Slavery in Africa and Brazil, Escape, Reception by Rev. W. L. Judd, Baptist Missionary at Port au Prince, Conversion to Christianity, Baptism, his Views, Objects and Aim, &c.
WRITTEN AND REVISED FROM HIS OWN WORDS,
BY SAMUEL MOORE, ESQ.,
Late publisher of the "North of England Shipping Gazette," author of several popular works, and editor of sundry reform papers.
MAHOMMAH G. BAQUAQUA,
Engraved by J. G. Darby, from a Daguerreotype by Sutton.
DETROIT:
Printed for the Author, Mahommah Gardo Baquaqua,
BY GEO. E. POMEROY & CO., TRIBUNE OFFICE,
1854.

15. 『마홈마 바카카 전기』의 표지(디트로이트, 1854)

정치적 강령으로서의 범아프리카주의는 모두 힘을 잃어갔다.

패트릭 매닝(Patrick Manning)[10]이 지적한 것처럼, 듀보이스가 흑인 역사의 초기 연구 저서인 『니그로』를 대체하여 새로운 버전의 『세계와 아프리카*The World and Africa*』(1946)를 펴낸 것에 주목할 필요가 있다. 1950년대에 아프리카 민족주의가 부상하고 그 관점에서 아프리카 역사 연구가 이뤄지면서 아프리카 대륙 자체는 좀더 첨예한 시선을 받게 되었다. 매닝의 표현대로 '장소가 인종을 대체했다'. 달리 말하자면, 아프리카 역사는 장소에, 흑인 디아스포라는 인종에 중점을 두면서 서로 다른 길로 가버렸다.

최근 수십 년간 이 둘의 연결성에 관한 연구가 매우 주목을 받고 있다. 역사학자들은 인종적인 본질에 초점을 맞추거나 아메리카 대륙에서의 아프리카 고유성의 상실 혹은 유지(또는 생존)에 대한 오래된 논쟁에 집중하기보다는, 대서양 전체와 인도양, 아프리카 대륙 안에서의 문화 교류에 대해 광범위하고 다양한 맥락으로 연구하기 시작했다. 이 연구를 통해 이동, 문화적인 변화, 바카카의 전기처럼 경계를 넘은 경험 등에 대한 자료들이 점점 더 발굴되는 만큼, 아프리카를 고립된 대륙이 아니라 현대 세계사에서 빠뜨려서는 안 되는 대륙으로 간주하는 경향이 커지고 있다. 영어권 범아프리카주의의 비전에 관심이 있는 아프리카계 아메리카 엘리트들은 아프리카계 브라질인들 사이에서 여전히 존재하는 이슬람이나, 19세기 해방된 노예들의 서부 아프리카로의 이동을 비롯한 아프리카와 브라질의 관계 같은 주제로 자신들의 연구 주제를 확장하고 있다.

디아스포라의 개념에 아프리카 대륙 자체도 포함되어야 한다는 인식도 점점 커지고 있다. 마다가스카르 고원지대 메리나(Merina) 왕국의 노예무역을 최근 연구한 피어 라슨(Pier Larson)[11]이 주장했듯이, 노예가 되는 과정에는 아프리카 해안에서 희생자들이 사라져간 과정뿐 아니라 아프리카 대륙 안에서 발생한 광범위한 인구 이동, 트라우마, 문화적인 변화도 수반되었다. 특히 19세기에 해양 무역이 막히면서, 그전에 대서양 교역 시대에 수출된 노예보다 아프리카 내에서 노예가 된 사람이 더 많았을 가능성이 높다. 이 주장에 귀기울인다면, 위에서 제시한 질문은 뒤집힐 수 있다. '디아스포라는 얼마나 아프리카적인가'뿐만 아니라, '아프리카는 얼마나 디아스포라적인가'에 대해서도 고려할 필요가 있다.

격동의 19세기 아프리카

19세기는 아프리카에 엄청난 변화를 가져온 격동의 시대다. 우리가 위에서 검토한 세 가지 주제와 관련하여 살펴보면, 지역 세력과 세계적인 패권의 상호 연결이 다양한 방식으로 변형되었음을 알 수 있다. 세네갈에서 현재의 수단에 이르는 수단 지역을 가로질러, 이슬람 개혁주의자들은 기존의 세력들에 도전하여 신앙을 정화하고 새로운 무슬림 국가를 건설하고자 했다. 기독교 선교 사역 역시 좀더 호전적인 국면으로 접어들어, 개신교 종파들이 가톨릭과 연계하여 '이교도들'에게 전도하고 퍼져가는 무슬림 풍조를 막고자 노력했으며, 노예제도와 노예무역의 변화가 이런 두 종교의 움직임과 얽히고설키게 된다. 1807년 영국이 노예제도를 폐지하고 3백만 명의 아프리카인이 아메리카로 끌려간 후에 비로소 대서양 무역이 점차 중단되었다. 인도양으로 수출되는 노예들은 여전히 많아지고 있었고, 아프리카 대륙 안에서도 노예들이 늘어났다. 한편 아메리카와 서부 아프리카 해안의 '크리올(creole)' 공동체에 속한 학식 있는 아프리카 엘리트들은 기독교와 노예제도 폐지론에 힘입어 자신들의 정체성뿐 아니라 원상 복구된 아프리카의 정체성도 새롭게 그려내기 시작했다.

이런 과정에는 아프리카와 세계의 변화된 관계, 즉 유럽 제국주의의 점차적인 침투도 포함된다. 1880년대에서 1890년대 사이의 '쟁탈전'이 있기 전까지, 직접적인 정치적 통제의 측면에서는 아프리카에 대한 유럽의 영향이 미미했다. 노예무역을 위해서 만들어진 얼마 안 되는 해안가 집단 거주지 외에, 유럽인들이 지배하는 영토는 케이프 식민지(Cape Colony, 나중에 나탈주와 독립 보어공화국이 추가된다)의 영국 전초기지와 1830년대부터 시작된 알제리의 프랑스 식민지 정도로, 아프리카 남쪽과 북쪽 끝에 한정되어 있었다. 그런데 이 세기를 지나면서 산업화되고 있던 유럽(대체로 영국과 프랑스)의 정치적·경제적 영향력이 다양한 방식으로 점증하다 결국에는 소위 '비공식적 제국주의(informal imperialism)'[12]가 되었다. 그러나 '비공식적'이라 해도 그것은 아프리카 연안의 권력 균형에 근본적인 변화를 불러왔다.

1798년 나폴레옹 보나파르트의 이집트 점령은 근본적인 변화를 알리는 하나의 신호탄이었다. 프랑스가 영국에 의해 쫓겨나기 전까지 단지 3년을 지배했을 뿐이지만, 오스만제국의 심장부를 쉽게 장악했다는 사실이 북아프리카의 무슬림 권력층을 심란하게 만들었다. 프랑스가 오스만튀르크에 패한 후 1801년 이집트에서 철수하면서 생긴 공백에 무함마드 알리(Muhammad Ali)[13] 정권(1805~48)이 부상했는데, 그는 알바니아계 군인으로서 점증하는 서구의 위협에 맞서고자 현대화 전략에 착수했다. 또한 프랑스의 개입은 '동방'에 대한 유럽인들의 인식이 형성된 매우 중요한 계기였다. 나폴레옹은 여러 과학자를 데려갔고, 그들의 연구는 이슬람에 대한 유럽의 학문적 접근과 이집트학이라는 분야의 시작을 이끌어냈다. 이 과학자들이 (이집트 상형문자를 해석할 수 있게 해준 로제타석을 포함한) 엄청난 양의 고대 유물을 빼돌린 것은 과학적 또는 문화적 수탈로 자행된 초기 제국주의의 일면이기도 하다.

아프리카에 대한 유럽의 개입이 점점 커가는 양상은 노예제도 반대 캠페인에서 두드러진다. 18세기에 대서양을 가로질러 아프리카인을 실어나른 것은 대부분 영국 선박이었는데, 이 노예들이 재배한 카리브해 설탕은 국가 경제에 중요한 수입원이었다. 그러나 1807년 노예제 폐지론자들의 로비를 통해 영국의 신민(臣民, subject)을 대상으로 하는 무역을 금지하는 법이 제정되었다. 이어 수십 년간 영국은 노예무역을 하는 다른 나라들이 이에 따르도록 회유했고, 서부 아프리카 해안을 봉쇄하면서 브라질도 똑같이 봉쇄하겠다고 위협했다. 1850년대까지 불법 무역은 거의 사라진다. 영국이 이런 조치를 취한 동기에는 경제적 이기주의와 고결한 휴머니즘이 혼합되어 있었다. 한편으로 대서양 연안에서 노예무역의 중개상 역할을 하던 권력자들에게 이 캠페인은 그들의 주요 수출품목인 사람의 수출을 가로막는 일방적인 봉쇄일 뿐이었다. 뒤이은 비노예 인력 수출(소위 합법적인 상거래) 장려도 도덕 캠페인 같은 분위기를 띠었고, 빅토리아시대의 전성기에는 '기독교, 문명, 무역'의 조합이 어둠에 잠긴 대륙을 구원하는 열쇠로 여겨졌다.

노예무역에서 '합법적인 상거래'로의 전환은 아프리카 대륙 전역에서 다양한 방식으로 전개되었다. 서아프리카 해안에서는 야자유와 땅콩 같은 농산물이 노예 수출을 대체했고, 일부 지역에서는 소규모 생산자와 무역상들이 이득을 보기도 했다. 시에라리온, 라이베리아, 황금해안과 그 밖의 다른 지역에서는 학식 있는 엘리트들이 이 새로운 무역을 옹호했는데, 이들은 이전의 노예무역을 하던 귀족들을 대체하여 아프리카와 유럽 사이의 새로운 '브로커'로 부상했다. 반면, 다호메이(현재의 베냉) 같은 곳에서는 예전의 노예 귀족들이 변화하는 여건에 적응하여 야자유 교역으로 품목을 바꿔나가는 한편(마홈마 바카카의 경우처럼) 영국 해군의 경계를 뚫고 노예 밀거래를 계속하기도 했다.

폐지론자들이 원했던 것처럼 대서양 무역과 함께 '수그러드는' 대신, 아프리카의 노예제도는 확장되었다. 한때는 아메리카로 수출되었던 노예 노동력은 이제 아프리카에서 더욱 심하게 착취당했다. 어떤 때는 새로운 수출 상품 수요의 증가가 부를 가져다주기는커녕 역설적이게도 그 착취의 원인이 되었다. (북부 나이지리아의) 소코토 칼리프국가(Sokoto Caliphate)처럼 새로운 이슬람 국가를 수립하는 과정에서 발생한 전쟁으로 엄청난 수의 '이교도' 포로들이 양산되었다. 그중 상당수가 불법 수출품으로 팔려가기 위해 해안가로 끌려갔지만, 그보다 더 많은 포로들이 농업 노동자로 배치되었다. 1888년 브라질에서 노예제도가 폐지된 이후 소코토 칼리프 국가는 세계에서 가장 많은 노예를 소유했는데, 인구의 약 3분의 1이 노예 신분이었다. 북동부 아프리카에서 무함마드 알리와 그후계자들이 이집트의 통치를 나일강과 수단의 적도 지방까지 확장할 때에도 이교도들을 붙잡아다 노예로 삼는 것이 특징이었다.

폭력, 노예화, 정치적 투쟁이 중부와 동부, 남부 아프리카에 넓게 퍼져나갔다. 이때 노예무역이 상업으로 전환되는 과정에서 농산물보다 약탈적인 생산물, 특히 상아가 더 중요한 품목으로 부상했다. 상아 교역이 동부와 서부 해안부터 내륙의 콩고분지까지 거침없이 확장되면서 엄청난 코끼리떼가 잔혹하게 죽어나갔다. 부를 창출할 새로운 자원의 상거래와 총기의 유입은 많은 지역에서 정치권력의 균형을 바꿔놓았다. 중부 콩고 지역의 룬다(Lunda)와 루바(Luba) 왕국 같은 기존의 나라들이 무기를 잘 갖춘 침략자나 내부의 반대 세력에 의해 몰락했다. 동부 잔지바르에서는 상아와 노예무역에 종사했던 스와힐리 사람들이 콩고 동부에서 새로운 통치 세력으로 떠오르기도 했다. 남아공과 알제리에서는 백인 이주민들이 내륙으로 진격하여 무장 폭력과 강탈이 점차 심해졌다.

19세기의 마지막 몇십 년간, 이런 다양한 과정은 아프리카

16. 19세기의 '합법적 상업'. 인도인, 아랍인, 현지 스와힐리인, 유럽인들이 잔지바르 상아 시장에서 상아를 부리는 노동자들을 지켜보고 있다. 1890~92년경.

대륙을 유럽인들이 정복하고 분할하면서 정점에 이르게 된다. 다음 장에서는 세계와 아프리카의 오래된 관계의 측면에서 이 새로운 국면을 살펴보겠지만, 그전에 이 장에서 우리가 네 개의 주제를 대략 살펴본 것처럼, 식민 지배라는 폭력에 노출되기 이전에도 아프리카 사람들이 세계 역사에서 오랫동안 큰 부분을 차지하고 있었다는 결론을 내릴 수 있다. 어디에서나 그렇듯, 아프리카인들이 주체일 때도 있었지만 언제나 그렇지는 않았다.

제 5 장

식민 시대 아프리카

아프리카 식민 지배는 늦은 편이다. 그것도 상대적으로 짧았다. 라틴아메리카는 스페인과 포르투갈의 지배가 16세기 초에 시작되어 300년이나 지속되었다. 아프리카가 유럽 제국주의 패권에 점령당한 것은 19세기 말과 20세기 초뿐이었다. 1960년대에는 식민 시대의 막바지에 접어든다. 아프리카의 많은 지역에서 잘해야 두 세대 정도만 지속되었을 뿐이다. 예를 들어 모로코는 1912년에 프랑스의 보호령이 되었다가 1956년에 독립하는데, 이 45년의 식민 지배 기간은 주권을 되찾은 시기부터 지금까지의 기간보다 더 짧다. 1911년 영국이 군사작전으로 가나를 정복할 당시 어린 나이로 그 상황을 기억하는 연로한 사람들을 가나 북부에서 연구를 진행하던 이 책의 필자 중 한 명이 1990년대 후반에 인터뷰했을 만큼, 식민 지배 기간이—당연히 상대적이지만—짧았다. 영국은 46년이 지난 1957년에 물러갔다.

아메리카에서 토착민들이 파국에 가까운 인구 붕괴를 겪었고 일부 지역에서는 문화가 말살되기까지 한 것과 비교하면, 대부분의 아프리카 문명은 식민 정복이라는 광범위한 풍파를 겪으면서도 살아남았을 만큼 강했다. 그렇다 해도 아프리카 도처에서 강압과 인종주의로 자행된 유럽의 지배는 대개 폭력과 착취로 얼룩졌으며 씻을 수 없는 상처를 남겼다. 그 영향은 시대, 지역, 남녀노소에 따라 여러 가지 모습으로 나타났고, 아프리카인들이 식민 지배자들만큼이나 그 형성에 영향을 미친 여러 사회적, 정치적, 경제적 요소에 따라서도 천차만별이었다. 식민 지배는 어떤 사람에게는 위협이었고, 어떤 사람에게는 기회였다. 많은 사람들에게는 아마도 위협이면서 동시에 기회였으리라. 이런 복잡한 패턴을 재구성하는 것은 오늘날의 아프리카 역사학자들이 당면한 가장 큰 도전 과제 중 하나다.

1960년대에 아프리카의 과거에 대한 체계적인 연구가 시작될 당시만 해도, 역사학자들은 다 끝나가는 식민 지배 시대에 특별히 관심을 갖지 않았다. 그들은 식민 시대 이전의 아프리카에 초점을 두고, 유럽의 지배를 받기 전 아프리카 대륙에도 근거로 입증될 역사가 있었다는 사실을 밝혀내고자 힘을 쏟았다(6장 참조). 식민 정복은 하나의 불법적인 파괴요 탈선이었지만 아직 '역사'가 되기에는 지나치게 최근의 일이었고 어떤 사람에게는 너무나 고통스러운 일이기도 했다. 통시적 연구의 선구자이자 대가인 나이지리아 역사학자 제이컵 에이드 아자이(Jacob Ade Ajayi)[1]에 따르면, 식민 시대는 토착민들의 관습이 면면히 이어져온 아주 짧은 '아프리카 역사의 에피소드'일 뿐이다. 어쨌든 1950년대에 식민 시대의 역사는 유럽인들이 — 종종 식민지 관리들이 — 그려내고자 노력했던 이야기로, 아프리카 사람들이 거의 등장하지 않는 아프리카 역사였을 뿐이었다. 해방운동이 한창일 때는, 식민 지배를 분석하기보다는 없애는 것이 지상명령이었다. 최근 식민 시대 연구의 변화 과정을 연구한 프레더릭 쿠퍼가 쓴 것처럼, "많은 학생들이 식민 시대에 대해 알아야 할 것은 당시의 공포뿐이라고 생각했다".

반세기 동안 상황이 바뀌어서, 최근 20년 동안 식민 시대에 대한 관심이 놀랄 정도로 커졌다. 학회와 세미나에서는 식민 시대 이전의 역사가 너무나 소홀하게 다뤄진다는 탄식이 종종 흘러나온다. 주도적인 아프리카 역사 저널의 내용을 분석해보면 이런 걱정이 나올 만도 하다. 이런 경향의 일부는 단순히 시대의 변화에 기인한다. 말하자면 1950년대에 19세기 말의 아프리카 쟁탈전이 과거의 일이었듯 유럽제국의 쇠망과 몰락도 이제 역사가 될 만큼 충분한 시간이 지난 것이다. 이렇게 시간이 지나면서 역사학자들에게 두 가지 중요한 자원이 주어졌다. 하나는 기록된 문서이고 다른 하나는 반성의 시간이다. 이렇게 중요한 자원이 확보된 것은, 그전 다른 세기에 대한 사료들보다 사료가 훨씬 더 많아졌기 때문만은 아니다. (그래서 식민 시대 아프리카 역사가 매력적인 연구가 되기는 했다.) 역사학자들이 그 이전보다 훨씬 더 정교한 방식으로 식민 시대를 다루게 된 것은 이론적인 도구와 분석적인 통찰이 풍부해진 덕분이기도 하다. 이런 사정은 아메리카, 아시아 그리고 유럽 자체의 제국주의 '본토(metropole)' 역시 마찬가지다.

이런 새로운 관점을 간단히 요약하자면, 식민 시대는 유럽 지배자들의 생각이나 행동뿐만 아니라 아프리카 사람들(또는 아시아인이나 다른 대륙 사람들)의 생각이나 행동에 대한 것이기도 하다. 식민 지배를 '아프리카'의 정통 역사에서 하나의 탈선 또는 단순히 도덕적으로 비난받아야 할 사건으로 구분하는 방식은 더이상 적합하지 않다. 대서양 노예무역이라는 주제에 대해서 사람들이 가치판단을 하듯이, 유럽 제국주의의 성격에 대해서도 역사학자들 역시 가치판단을 하려는 경향이 있다. 하지만 이들의 임무는 이러한 가치판단을 뛰어넘어 식민 지배하에 살았던 아프리카인들의 생생한 경험을, 그 모든 복잡함과 모순을 드러내어 재구성하는 것이다.

제국주의 패권은 의도했던 만큼 지배적이지도, 일관되지도, 획일적이지도 않았다는 아자이의 주장은 옳다. 아프리카인들이 식민화 과정에 적극적으로 참여한 수많은 방법과 사례가 알려질수록, 뚜렷이 구분되는 '식민 시대'라는 개념 자체가 적절한 것인지 의문이 제기되고 있다. 역사학자들은 식민 시대 이전, 식민 시대, 식민 시대 이후를 뚜렷이 구분하여 아프리카 대륙의 과거를 다루기보다는, 이 세 시대 사이에 지속되거나 변화된 패턴을 추적하는 데 점점 더 관심을 기울이고 있다.

정복

아프리카 안팎의 과거와 관련하여, 19세기 말 유럽의 영토 '쟁탈전'은 아마도 아프리카 전체 역사에서 가장 잘 알려진 에피소드일 것이다. 그렇지만 역설적으로 가장 제대로 이해받지 못하는 역사로 남아 있다. 문제의 핵심은 식민 정복이 아프리카 역사가 아니라 유럽 역사의 한 사건으로 간주된다는 점이다. 광활한 대륙을 배경으로 극적인 제국주의 경쟁, 고도의 외교술, 대담한 군사적 업적에 초점이 맞춰지는 반면, 아프리카 사람들의 목소리는 거의 들리지 않는다. 더군다나, 정복을 하나의 쟁탈전으로 바라보는 것이 역사 이해에 어느 정도 도움이 되기는 하지만, 실제로 그것은 아프리카 대륙의 여러 지역에서 다양한 이유로 펼쳐진 일련의 지역적인 쟁탈전들이기도 했다.

쟁탈전이 벌어진 이유에 대한 역사 논쟁은 여러 교차적 문제로 번져가고 있다. 영토 분할의 뿌리가 유럽에 있는가 아니면 아프리카에 있는가, 경제적인 동기가 어느 정도로 중요하게 작용했는가, 영토 정복으로 전환된 것이 제국주의의 새로운 방식이었는가, 아니면 비공식 제국주의의 간접 지배라는 오래된 방식이 지속된 것인가. 이런 질문은 정복이 진행되는 와중에 유럽에서 대두되었는데, 자유주의 작가 홉슨(J. A. Hobson)[2]이 1899~1902년의 남아프리카(또는 '보어') 전쟁은 영국에 기반을 둔 자본주의자들이 금광을 손에 넣기 위해 치러진 것이었다고 처음 주장한 것이 그 시작이다. 이런 주장은 최근 들어 어느 정도 사라지고 있다. 왜냐하면 단일한 인과적 설명과 '거대 서사'[3]에 의구심을 품은 유럽과 아프리카의 역사학자들이 식민 정복의 경험으로부터 생겨난 서로 다른 여러 목소리에 주목하고 있기 때문이다.

이런 논쟁들 중에서 몇 가지 중요한 사실부터 시작해보자. 19세기의 마지막 25년 동안, 서서히 진행되던 유럽의 아프리카 침탈이 저돌적인 영토 정복으로 돌변했다. 제국주의 패권

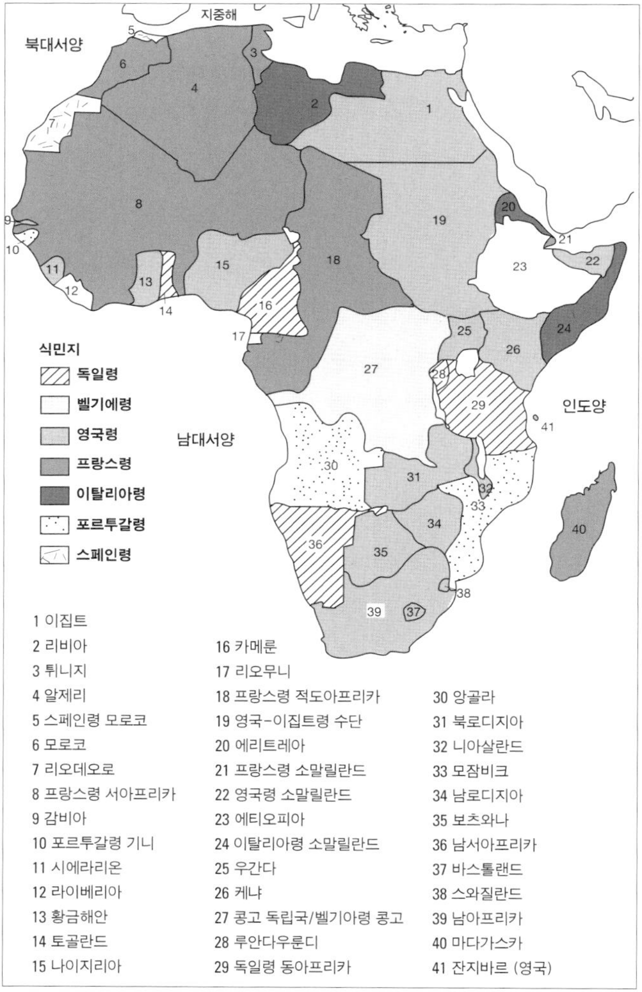

지도 4. 1914년 이전의 아프리카 식민 제국 지도

세력에는 기존의 상업과 연안 노예무역을 담당했던 세력, 영국, 프랑스, 포르투갈(이 나라는 16세기까지 거슬러올라간다), 그리고 그때까지 아프리카 대륙과 거의 또는 아무런 연관이 없었던 독일, 이탈리아, 개인 식민 경영자인 벨기에의 레오폴드 국왕이 있었으며, 이들 여섯 나라보다 약한 국가로 기울어가고 있었던 스페인의 제국주의 세력도 작은 영토를 확보했다.

새로이 아프리카 사업에 뛰어든 나라들, 특히 비스마르크 통치하에 새로이 통일된 독일은 아프리카의 대외 무역을 좌우했던 19세기 패권 국가 영국의 확고한 위치를 위협했다. 1880년대에 프랑스는 '전진 정책'을 펼쳐 세네갈에 주둔하고 있던 군사령관에게 내륙으로 영토를 확장할 수 있는 자율권을 부여했고, 다른 지역에서는 토호 세력과 안전 보장 조약을 체결하도록 관리들을 독려했다. 유럽의 패권 세력들 입장에서 아프리카 교역의 가치는 크지 않았다. 예를 들어 영국에게는 해외 무역의 5퍼센트에도 못 미쳤다(대부분은 이집트와 남아프리카에 집중되어 있었다). 그러나 경기가 침체에 빠지면서 해안 지역에서의 기존 교역 관계에 긴장이 고조되고 내륙의 실정이 점점 더 알려지자, 대륙을 강압으로 '개방'하여 잠재적인 부를 확보할 수 있다는 유혹이 유럽의 정치인들로 하여금 소수의 광적인 제국주의자들과 기회주의자들의 점점 거세지는 요구를 따르도록 만들었다.

정복은 분명히 투기적인 성격을 띠었으며, 잠재적으로 수익성이 있는 지역에서 기존 이권의 유지보다 경쟁자의 배제가 더 중요시되었다는 점이 이를 뒷받침한다. 하지만 유럽이 아프리카를 분할하는 국면에서는 서로 강력하게 협력하기도 했다. 이 대륙을 개방시킨다는 것은 상업적인 무역이 아니라 시대에 뒤떨어지고 미개한 사람들을 문명화하는 고상한 '사명'으로 여겨졌다. 초기의 노예제폐지운동이 그랬듯이, 제국주의자들의 수사에는 사리사욕, 인종적 오만, 종교적 열망이 마구 뒤섞여 있다. 제국주의 세력 간의 제휴는 1884~85년의 유명한 베를린 회의(Berlin West Africa Conference)에서도 극명하게 드러났다. 이 회의에서 기존의 영토 확장 경쟁 문제가 정리되고 차후의 영토 합병을 위한 절차가 확립되었다. 이 게임의 규칙은 대체로 지켜졌다. 연안의 영향권 경계 분할에 이어, 1890년대에 내륙 오지의 '실효적인 점유'를 확립하기 위한 저돌적인 경주가 시작되었다. 당시 맹목적 애국주의나 무력을 통한 위협이 극성이었음에도 불구하고 유럽의 두 강대국이 아프리카에서 무력 충돌을 일으킨 경우는 1차세계대전 이전까지 단 한 번도 없었다.

간단히 말해 이는 유럽 쪽 이야기다. 현장에서 전개되었던 정복의 실상은 당연히 이보다 훨씬 복잡하다. 우선, 제국주의 경쟁국들끼리는 서로를 향한 폭력을 회피하려 노력했지만 아프리카인 적들에게까지 그러지는 않았다. 점령은 종종 (마피아식 의미가 다분한) '보호'라는 의심스러운 명분으로 토호 세력과의 협상이나 조약을 통해 안정화되었다. 하지만 아프리카 국가들과 공동체들 내에서 자신들의 주권을 방어하는 최선의 방법에 대한 맹렬한 토론이 자주 벌어지면서, 유럽 세력은 여러 지역에서 강렬한 저항에 직면했다. 이 저항의 주요 세력은 많은 경우 격동의 19세기 초부터 자신들의 무력을 키워 군대를 갖춘 나라들과, 어떤 지배도 극히 싫어하는, 나라 없이 독립한 사람들이었다.

그렇지만 산업 기술이 압도적인 유럽에 이런 저항들은 아주 변변찮았다. 1830년에 알제리를 침략했을 때는 프랑스의 무기 기술은 더 나을 것이 없었고, 본토에서 건너간 대규모 군대가 지역 저항 세력에 묶여 17년간 값비싼 소모전에 휘말렸을 뿐이었다. 세기말, 상황은 반전되어 유럽은 '제국의 통치 수단들(tools of empire)'[4]을 동원하여 아프리카의 전쟁 엘리트들을 무자비하게 쓸어냈다. 이 수단들은 총뿐 아니라 의약품, 증기선, 철도, 전신 및 산업국가의 체계화된 역량들이었다. 1898년 옴두르만(Omdurman) 전투[5] 장면에 끔찍하게 묘사된 것처럼, 무기 기술의 차이는 치명적이었다. 이 전투에서 수단의 마흐디주의자(Mahdist) 군사들에게 키치너(Horatio Herbert Kitchener)[6] 부대의 기관총 세례가 반복되어 1만 1천 명이 사망했지만 영국군은 단지 49명의 전사자를 냈을 뿐이었다.

아프리카 사람들을 병사로 징집하는 일이 넓게 퍼져나가면서 정복은 좀더 쉬워졌고, 무엇보다 비용이 적게 들었다. 이 병사들 대부분은 기존 질서가 붕괴되면 많은 것을 얻게 될 노예 출신들이었다. 돈을 목적으로 하는 이런 용병들의 초기 사례인 '세네갈인 소총수들'은 서아프리카의 수단 지역을 가로지르면서 프랑스 군대로 전투에 참가했다. 아프리카에서 나라를 세운 세력 중 단 두 집단, 즉 남아프리카의 백인 보어공화국과 에티오피아 고원지대의 옛 왕국 지배 세력만이 그들의 적인 유럽의 무기와 정치체제를 어느 정도 갖추었다. 그러나 보어공화국은 영국제국의 무력에 맞서 3년을 버티다가 결국 1902년에 참담하게 비싼 대가를 치르고 굴복했다. 에티오피아만이 유일하게 이런 패권 다툼에서 이겼다. 그 과정을 보면, 1896년 침공한 이탈리아 군대를 격파한 후 조약을 통해 주권을 보장받았고, 주변 지역으로 자신들의 제국주의적 지배를 확장해나갔다. 그런 다음 1936년에 무솔리니의 파시스트 군대의 침략으로 무너지기 전까지 독립을 유지한다. 그 무렵 무기의 차이가 더 커져, 하일레 셀라시에(Haile Sellassie)[7] 국왕의 기병대는 이탈리아의 기갑부대, 항공기, 독가스에 속수무책이었다.

아프리카 분할이 빠른 속도로 진행되긴 했지만, 일부 지역

17. 정복. 마흐디주의자 지휘관 마흐무드 이븐 아흐마드(Mahmud Ibn Ahmad, 아랫부분에 그의 아랍어 서명이 보인다)가 1898년 영국의 이집트 정복 전쟁중 앗바라(Atbara) 전투에서 수단인 병사로 구성된 제10대대에 의해 체포되었다. 마흐무드는 마흐디주의운동의 전사 안사르(Ansar)의 복장인, 자수를 덧댄 헐렁한 작업복 지바(Jibba)를 입고 있다.

에서는 식민 정복 과정이 수십 년간 지속되기도 했다. 1912년 모로코가 프랑스에, 리비아가 이탈리아에 정복되자, 에티오피아와 아메리카계 아프리카인들의 이주민 국가 라이베리아를 제외하고 아프리카 대륙 전체가 서류상으로 유럽제국에 합병되었다. 그래도 식민 군대와 관료체제는 여전히 미약했고 영토의 대부분은 효과적인 통제에서 벗어나 있었다. 예를 들어, 서아프리카 밀림과 수단 지역에 걸쳐 어느 나라에도 소속되지 않은 사람들의 공동체를 통째로 정복하기 위해 무자비한 징벌적 토벌 부대가 파견되었지만 쉽게 끝나지 않았다.

다른 지역에서는 초기 식민 국가의 포악한 수탈에 대항해 폭동이 일어났다. 1896년 남부 로데지아의 은데벨레(Ndebele, 현재의 짐바브웨), 1900년 황금해안의 아산테(Asante, 현재의 가나), 1904년 남서아프리카의 독일령 헤레로(Herero, 현재의 나미비아) 등지에서 잇따라 폭동이 발생했는데, 그중 아마도 가장 잘 알려진 봉기는 마지 마지(Maji Maji) 폭동일 듯하다. 이는 1905~07년 독일이 점령한 동부 아프리카(현재의 탄자니아)에서 독일의 총탄으로부터 보호해주는 '마지(maji, 신성한 물)'를 나눠주면서 종교운동이라는 명분을 내세워 다양한 사람들을 규합해 일어난 폭동이다. 헤레로에서 그랬던 것처럼, 탄압을 받아 수많은 인명이 살상되었고 더욱이 대기근마저 연이어 발생했다. 이 유린당한 지역들은 1차세계대전에서 독일에 대항하는 연합군 작전에 편입된 후에야 겨우 복구되기 시작한다.

초기 아프리카 식민지에서 가장 심각하게 유린된 사회적 붕괴와 인명 손실은 레오폴드왕이 소유한 콩고에서 자행되었다. 여기서 폭력은 폭동 진압용이 아니라, 적도 밀림지대에 흩어져 사는 사람들로 하여금 상아와 고무를 생산하도록 강제하기 위한, 무지막지한 수단으로 동원되었다. 이런 장면들이 조지프 콘래드의 『어둠의 핵심』(1901)과 그의 끔찍한 단편소설 「문명의 전초기지An Outpost of Progress」(1897)의 배경이다. 콩고에서 벌어진 잔학상에 대해 세계에 경종을 울리려 했던 선교사들과 기자들의 노력은 20세기 인권운동의 첫 성공 사례일 듯하다. 1908년 레오폴드는 국제적인 압력에 굴복해 자신의 방대한 면적의 사적 지배권을 벨기에 정부에 넘길 수밖에 없었다.

1936년 이탈리아가 에티오피아를 침공한 것을 제외하면, 제1차세계대전은 아프리카를 분할하는 마지막 움직임이었다. 1918년, 패전국 독일의 식민지 소유권을 승전한 연합국들이 분할하여, 엄밀히 말하자면 새로 결성된 국제연맹 감독하의 '위임통치'라는 명분으로 나누어 가졌으며, 이 승전국들에는 남아프리카연합도 포함되어 있었다. 1910년부터 영국제국의 자치령이 된 이 연합은 이웃 남서아프리카의 위임 통치권을 부여받으면서, 자신들의 힘만으로 부상한 '아류 제국주의(sub-imperialism)' 패권이 되었다. 제국주의를 등에 업는 아류 제국주의의 특성은 수단에서도 드러났다. 영국과 영국의 보호령인 이집트는 마흐디주의 체제가 붕괴되고 재정복된 이 지역을 공동으로 지배했다. 전쟁의 여파로 제국들이 재편성되면서, 영국으로서는 1922년에 민족주의의 부활로 거센 바람을 일으킨 이집트에 준(準)독립의 지위를 부여할 수밖에 없었다. 하지만 남아프리카와 이집트는 예외적인 경우다. 정복 시대의 광풍이 지난 다음, 양차 대전 사이에 유럽의 통치가 적도 아프리카 전역을 안정적으로 장악한 것처럼 보였다. 그렇지만 아프리카를 분할하는 마지막 제국주의 지도가 그려지자마자, 식민 시대의 종말을 알리는 첫 징조도 함께 나타나기 시작했다.

식민 국가

유럽 열강은 그들의 새로운 아프리카제국을 어떻게 지배했을까? 아프리카에서 벌어진 '식민주의'는 정확하게 무엇을 의미하는 것일까? 이런 질문들을 탐구할 때, 아프리카 식민지를 어떻게 운영해야 하는지가 체계적으로 정리되어 있지 않았었다는 점에 주목할 필요가 있다. 더군다나 어찌어찌하여 생각해낸 방안이라고 해봐야 탁상공론뿐이었다. 쥐어짠 예산으로 방대하고 다양한 영토와 집요하게 저항하는 사람들을 통치해야 하는 척박한 현실에서, 이상론은 들어설 자리가 없었다. 아프리카 분할이 신속하게 이뤄졌다는 것은 식민 국가 경영이 현지 여건에 따라 임기응변으로 대처할 수밖에 없는, 처음부터 무계획적인 사업이었음을 의미한다. 이런 상황에서 '토착민'들을 관리하는 최선책을 영국은 인도, 프랑스는 알제리의 북아프리카 교두보 같은 식민지를 운영한 경험에서 찾았다. 그렇지만 이런 방식들은 논란을 유발하고 모순되기도 했다. 예를 들어 프랑스 관료들은 이슬람에 대해 양면적인 태도를 취하여, 무슬림은 '이교도'보다는 문명 측면에서 더 우월하지만, 선천적으로 반골 기질이 강하다고 간주했다.

초기까지만 해도 통치 '스타일'이 나라별로 좀 달랐다. 프랑스는 비협조적인 아프리카 지배 구조를 재빠르게 해체하여, 현지 토착 사회를 본국의 문화로 '동화'시키려는 막연한 노선을 취했다. 동화라는 개념의 중심은 시민(citizen)과 신민(subject) 사이에 차별을 두는 것으로, 신민은 원주민을 가혹하게 차별하는 '토착민법(Code de l'indigénat)'[8](포르투갈과 벨기에도 이 법을 약간 변형하여 시행했다)에 복종해야 하는 존재를 의미했다. 반면, 영국 관리들은 기존의 지배자를 활용하는 데 노력을 기울였다. 특히 북부 나이지리아의 소코토 칼리프국가 같은—이 제국은 귀족 독재 정권이었고 이 정권과 연계하여

거래를 할 수 있었다—경우라면 더욱 그러했다.

루가드(Frederick Lugard) 경[9]이 나이지리아 북부에서 시도했던 이런 보수적인 방식을 소위 '간접 지배'라고 한다. 비용 대비 효과를 가장 중요한 가치로 삼았던 1930년대 대공황기에 이르러서는 아프리카 대륙 도처에서 모든 제국 세력이 이런저런 방식으로 이 간접 지배라는 틀을 적용했다. 유럽 제국주의자들은 아프리카인들이 자체적으로 통치할 능력이 없다는 구실을 들어 아프리카를 침략했지만, 막상 와서 보고는 아프리카인들과 연대하거나 그들의 중개가 없으면 통치가 불가능하다는 점을 깨달았다.

제국주의의 역사에서 흔하게 볼 수 있듯이, 많은 아프리카인들도 새로운 식민 질서를 수용하고 이 질서를 이용해 자신들의 이익을 얻고자 했다. 예전에는 비천한 노예 신분이었던 사람들이 식민 군대에 들어가거나 사무원 또는 통역원으로서 글을 읽고 쓸 수 있는 역량을 사회적·경제적 성공의 방편으로 삼는가 하면, 왕들과 족장들은 유럽 세력들과 연대하여 자신들의 정치적 지위를 다져나갔다. 후자의 예에서 가장 유명한 사람이 아폴로 카그와(Apolo Kaggwa) 경으로, 현재의 우간다인 부간다(Buganda) 왕국이 영국과 지배권에 대한 협상을 할 때 중요한 역할을 맡았다. 1880년대 기독교 선교는 부간다에 상당한 영향력을 미치면서 야심 찬 청년들을 끌어들였고, 새롭게 문해력을 획득한 이들에게는 기독교 선교 집단의 새로운 '독자(reader)' 신분이 주어졌다. 1880년대가 끝나갈 무렵 무슬림, 개신교, 가톨릭 등 각 종파의 경쟁자들이 왕실에서 권력을 다툴 때, 젊은 카그와는 개신교의 리더가 되어 영국 세력을 불러들이고 그들의 지원을 받아 카티키로(katikiro), 즉 '수상' 자리를 차지했다.

선교사이자 민족지학자인 존 로스코의 격려를 받아, 카그와는 구비 전승을 수집하기 시작하여 1901년에 『부간다의 왕들*Basekabaka be Bouganda*』을 출판한다. 이 책은 부간다 사람들의 역사와 관습을 루간다(Luganda)어로 기술한 세 권의 책 중 첫 번째 작품이다. 카그와는 전형적인 개화주의자이면서 '문화 중개인'으로 부상하여, 식민 패권과 토착 문화 사이에서 능숙한 중재자 역할을 해낸다. 자신의 인쇄기로 자비 출판한 그의 책들은 부간다 왕실 역사에 대한 최초의 저작이다. 제2장에서 살펴본 새뮤얼 존슨의 책 『요루바족의 역사』와 같이, 카그와의 저작도 당연히 특유의 역사관을 드러낸다. 한편 부간다와는 오래된 경쟁 관계인 분요로(Bunyoro) 같은 이웃 왕국들의 지식인들도 곧바로 카그와의 역사관에 대응하는 저작을 출판한다. 현대 역사학자들은 초기에 기록된 이런 역사들을 복잡한 1차 사료로 간주하고, 이런 사료들이 어떤 권력 구조하에서 생성되었는지 주의깊게 맥락화할 필요가 있다고 지적한다. 그렇지만 많은 우간다 사람들에게는 카그와의 책이 부간다의 과거에 대한 '공식적인(official)' 버전이 되었고, 문화 중개인으로서의 그의 영향력은 오늘날까지도 강하게 지속되고 있다.

아프리카인들과의 이런 연합이 중요했던 이유는 단순했다. 아프리카에서의 식민 지배를 싼값에 할 수 있었다. 이것은 영국제국이나 힘을 잃고 몰락해가던 포르투갈도 마찬가지였다. 초기에 가졌던 부에 대한 큰 이상과 부푼 기대는 곧 사라졌고, 법과 질서를 부여하고 세금을 걷고 노동력을 동원하려는 목적으로 조직을 구성했지만, 얇고 넓게 퍼진 관료체제로는 끊임없이 발생하는 투쟁에 시달릴 수밖에 없었다. 이런 과정의 결과로 생겨난 경제체제는 식민 시대 이전만큼이나 다양했고, 많은 경우 19세기의 상업적 경기 변동에 깊이 연계되어 있었다. 식민 정부들은 특히 이집트, 서아프리카의 밀림지대와 해안지대에서는 수출을 위한 상품 생산을 확대하도록 이미 수출 경제에 편입된 아프리카인들의 농장들을 지속해서 독려했다. 반면, 프랑스가 점령한 서아프리카의 수단 지역같이 멀고 척박한 오지에서는 징벌 수준의 인두세, 강제 노역('토착민법'에 따라), 강제 경작 같은 더 강압적인 수탈이 자주 자행되었다.

이런 강압적 수탈은 프랑스와 벨기에가 적도 아프리카를,

포르투갈이 앙골라와 모잠비크를 지배할 때도 동원했던 방법이었다. 특히 적도 밀림지대에서는 초기 식민 정부가 방대한 영토를 운영할 능력이 없어 가능한 한 빨리 가능한 한 많은 부를 약탈하는 데 초점을 맞추었고, (진열장을) 깨고 훔치는(smash-and-grab) 데 이골이 난 소위 위탁 회사들에 관리를 맡기지 않을 수 없었다. 서아프리카의 농장 운영 방식이 식민 시대 이전부터 그랬듯이, 이 위탁 회사들 역시 19세기 콩고 분지를 휩쓸면서 노예와 상아 약탈을 하느라 노골적인 폭력을 연속해서 자행했다. 콩고강 하류 사람들에게 이 회사들은 헨리 스탠리(Henry Morton Stanley)[10]가 잔인하고도 가혹하게 현지인들의 작업을 감독하면서 얻은 별명 '불라 마타리(bula matari)', 즉 '바위 깨는 사람' 같은 포식자일 뿐이었다. 식민 시대를 보는 관점에 대해 제이컵 아자이와 날카롭게 대립하는 얀 반시나는 식민 정복을 적도의 중부 아프리카 전체에 걸쳐 '오래된 전통의 죽음'을 불러온 파괴라고 본다. 이렇게 대비되는 두 역사적 관점은 식민 시대 경험이 지역에 따라 큰 차이를 보이는 이유에 대해 많은 점을 시사한다.

다른 곳, 특히 프랑스가 지배한 북아프리카와 영국이 지배한 케냐, 남로디지아, 그리고 1910년까지의 남아프리카에서 식민지 관료들은 경제 발전의 주체는 아프리카인 생산자들보다는 백인 이주민들이어야 한다고 믿었다. 이 지역들에서

18. 문화 중개인이면서 부간다의 카티키로인 아폴로 카그와(오른쪽), 그의 친구이자 동료로 기독교 개화주의자인 함 무카사(Ham Mukasa). 1902년 벤저민 스톤 경이 촬영.

는 '식민주의'가 또다른 의미를 띠었다. 유럽 공동체는 대륙의 양단에 위치한 두 개의 거대한 전진기지인 알제리와 남아프리카를 비롯한 도처의 백인 정착지에 소수민족으로 남아 있었다. 그러나, 비록 논쟁의 여지가 있기는 해도, 그들은 각 식민지의 경제적, 사회적 변화의 궤도에 불균형한 영향을 미쳤다. 아프리카 토착민들에게 이런 영향은 해로울 뿐이었다. 백인 이주민들에게는 가장 좋은 농경지가 배당되었고, 지주였던 아프리카인들은 땅 없는 노동자로 전락하거나 많은 사람들로 북적대는 '원주민 보호지(native reserves)'에 강제로 수용되었다. 영국이 지배한 동아프리카와 남아프리카에는 식민지의 인종적 계급 서열에 애매한 중간 계층을 형성한 인도 사람들이 대거 이주해 들어오면서 이런 상황이 더욱 복잡해졌다.

더군다나, 남아프리카, 남로디지아와 북로디지아(현재의 잠비아), 벨기에 콩고의 남부에서 유럽 광산 회사들은 아프리카인 노동력 확보를 위해 백인 농장주들과 경쟁까지 하게 된다. 초기에 많은 아프리카 노동자들과 농부들, 특히 가부장적 권위에서 탈출하고자 하는 젊은이들은 새로 생긴 임금 노동의 기회와 확장되어가는 식료품 시장의 편리성을 선호했다. 그렇지만, 양차 대전 사이에, 소위 '이주민 채굴(settler-mining)' 경제는 점차 강압적으로 변해가면서 토지를 강탈당하고, 생활 터전을 바꿔가면서 노동해야 하는 방식을 강요받았으며,

19. 노동과 이동. 1914년 벨기에 지배하의 콩고에서 철도 부설.

많은 아프리카 지역사회에 커다란 부담으로 작용했다.

아프리카 대륙 전체에 걸쳐 아프리카 사람들에게 부여된—세금을 내야 하고, 새로운 작물을 키우고, 백인 이주민들에게 자리를 내주고, 새로운 지역으로 일하러 떠나야 하는—강요는 식민주의의 한복판에 또다른 모순을 불러왔다. 유럽인들은 아프리카가 정적이고, 원초적이며, '인습적'이라는 관념에 고착되어 있었고, 이를 그대로 보존하는 것이 대부분의 식민 지배자들 자신은 물론 아프리카 신민들에게도 이익이 된다고 믿었다. 그러나 아프리카 대륙의 자연 자원과 인력의 착취는 광범위한 사회적 변화를 일으켰다. 북쪽에서 남쪽까지 많은 사람들이 현금 경제(cash economy)에 끌려들어갔고, 그들의 가족 관계가 변했으며, 많은 인구가 도심으로 몰려들었고, 오래된 유대 관계들이 파괴되면서 새로운 관계들이 형성되었다.

새로운 유대 관계 중 일부는 지역적으로 국한되면서, 1930년대에는 '세네갈인', '나이지리아인', '케냐인' 같은 정체성의 초기 형태들이 생겨났다. 다른 유대 관계는 새로운 결합을 만들고 그들의 생각이 식민지 경계를 넘나들면서 공유되었고, 소수의 아프리카 사람들은 아프리카 대륙 너머의 세상으로 나아갔다. 노동자 계층의 연대부터 아프리카인 또는 흑인으로서의 정체성까지 소속감의 범위와 관계가 넓어졌다.

식민지에 대한 지식

아프리카를 지배하기 위해 식민 관리들은 아프리카의 언어, 문화, 법에 대한 지식이 필요했으며, 이 지식들은 짧은 점령 기간 내에 많은 지역의 현지 중개인의 도움으로 수집되고 번역되었다. 어떤 경우에는 이렇게 지식을 축적해가는 과정에서, 특히 프랑스 지배하의 북아프리카와 서아프리카에서 행정 관료 겸 학자들의 업무를 통해 과거에 대한 지식으로까지 확장되었다. 알제리에 관한 역사적 사료들이 1856년에 〈레뷰(르뷔) 아프리켄Revue Africaine〉에 실렸고, 1900년에 우다(O. Houdas)가 『수단의 연대기*Ta'rikh al-sudan*』을 번역하여 파리에서 출판했다. 이런 측면에서 가장 두드러진 인물은 1909년에 파리의 식민 학교(École Coloniale)에서 아프리카 언어 교습법을 소개한 모리스 들라포스(Maurice Delafosse)였다. 그는 우다와 함께 또다른 방대한 팀북투 연대기인 『타리크 알파타시*Ta'rikh al-fattash*』를 번역했고, 1912년에는 만데 세계에 관한 세 권의 방대한 저서 『상 세네갈과 니제르*Haut-Sénégal et Niger*』를 펴냈는데, 이 책에는 연대기들과 구비 전승들에서 얻은 사료들이 많이 포함되어 있다. 이에 비견할 만한 영국인으로는 나이지리아 북부 역사에 대한 토착민들의 이야기에 몰두했던 파머(H. R. Palmer)가 있다. 함족 가설에 대한 믿음이 확고했던 파머의 예처럼, 이런 저작들은 시대의 산물이기는 하지만, 역사가 존재하지 않는 대륙으로 아프리카를 바라본 식민 사관 말고도 다양한 시각이 있었다는 점을 시사한다.

그보다 훨씬 더 많은 아프리카인들이 이슬람과 기독교를 받아들였다. 또한 많은 경우 미션스쿨을 통해 서구 교육을 받아 사회적으로 신분 상승을 이루기도 하는 등 기독교로의 개종이 개인적 해방과 연계되기도 했다. 교육의 혜택은 전혀 받지 못한 경우부터 겨우 모양이나 갖춘 정도로 받은 경우에 이르기까지 전혀 고르지 못했고, 단지 소수의 사람들만이 기초 수준 이상의 교육을 받을 기회를 얻을 수 있었다. 그래도 글을 읽고 쓸 줄 아는 사람들이 많아지면서 아프리카는 혁명적인 변화를 맞게 된다. 요컨대 식민 시대를 겪으면서도 살아남은 아프리카 사회는 그 이전의 모습과는 확연하게 달라졌다.

전제정치 대 장식주의: 간접 지배 논쟁

아프리카 식민 시대의 사회적·문화적 변화에 대해 역사학자들이 세세하게 검토하기 시작한 것은 최근의 일이다. 이 연구들 덕분에, 아프리카인들이 자신의 삶뿐 아니라 식민주의 자체의 성격도 스스로 만들어갈 능력이 있었다는 인식이 증가하고 있다. 식민 지배를 파고들수록, 식민 지배가 파편화되어 있는데다 모순이 많았고 유동적이었으며, 일부 아프리카 사람들의 능동적인 참여에 의존했고, 그들이 자율적인 환경에서 자신들의 어젠다를 스스로 결정했다는 사실을 알 수 있

20. 도시 생활. 지나가던 행상들이 루이 페데르브(Louis Faidherbe) 동상 아래서 포즈를 취하고 있다. 이 인물은 1850년대 프랑스 총독으로, 세네갈 정복을 주도했다. 세네갈의 식민 수도였던 생루이(Saint-Louis)에서 1900년경 에드몽 포르티에가 촬영.

다. 외세의 침략에 대해 철저한 '저항'이나 이기적인 '협력'을 통해 단순하게 '응전'만 했다고 보는 것은 더이상 타당하지 않다. 프랑스 식민 당국과 세네갈, 모리타니아의 무슬림 사회 사이의 관계를 연구한 데이비드 로빈슨(David Robinson)[11]의 책 제목을 빌리자면, 지배자들과 피지배자들 모두 서로에게 다양한 '협상의 길들'을 모색했다고 볼 수 있다. 요컨대 강압과 지배는 사라지고 '협상', '접촉', '전용', '아프리카인의 대행 역할(agency)'이 드러난다.

노예무역의 영향에 대한 새로운 사고방식들도 마찬가지지만, 목욕물 버리면서 아기까지 함께 버리는 우를 범하지 말아야 한다. 말하자면 새로운 패러다임을 받아들일 때는 근본적인 것을 놓치거나 어떤 경우에는 옛날 패러다임으로 돌아갈 위험이 없는지 주의해야 한다. 식민주의가 그리 심하지 않았다고 해서 강압이 반드시 덜했다는 의미는 아니다. 우리가 적도 아프리카의 예에서 본 것처럼, 식민 국가가 약하면 약할수록 더 많은 폭력과 잔인한 착취가 자행되었다. 제국 정부 전체는 말할 것도 없고 하나의 작은 영토에서조차 시간과 공간에 따라 식민주의 경험이 엄청나게 다양한 모습을 보이고 있으므로, 기존의 편견을 깬다는 역사적인 성상파괴운동(iconoclasm)은 조심스러운 접근을 필요로 한다.

그런 위험의 한 예로, 아프리카 전문이 아닌 두 명의 저명한 역사학자가 최근 출판한 영국제국에 대한 책, 데이비드 캐너다인(David Cannadine)[12]의 『오너멘탈리즘*Ornamentalism*』와 니얼 퍼거슨(Niall Ferguson)[13]의 『제국*Empire*』을 들 수 있다. 『오너멘탈리즘』(에드워드 사이드의 '오리엔탈리즘'에 대한 재미있는 말장난)에서 캐너다인은 제국의 지배를 이해하는 열쇠는 피상적으로 인식되는 영국인 지배자와 현지인 '타자' 사이의 인종적 차이가 아니라, 영국인과 토착 위계 체계 사이의 상호 계급 간 유착 관계라고 주장한다. 퍼거슨의 『제국』은 제국주의 정복의 야만성을 지적하는 한편, 영국제국이 자유시장 자본주의, 법에 의한 통치, 민주주의 등 많은 식민지 신민들이 얻고자 열망했던 가치들을 전파하는 긍정적인 세력이었다고 주장한다. 이 두 책은 모두 중요한 논점을 제공한다. 두 역사학자 모두 제국주의 옹호자라고 비난할 수는 없다(일부 사람들은 퍼거슨이 옹호자에 가까워진다고 주장하지만). 그렇지만 이 두 책은 기껏해야 부분적으로만 옳을 가능성이 높다. '쟁탈전'에 관한 오래된 논쟁처럼, '식민 지배'가 아프리카에 끼친 실질적 영향에 대한 논의에도 일반화의 오류를 피하기 위해 세심한 주의가 필요하다.

캐너다인과 퍼거슨이 영국 식민 지배의 성격과 관련하여 제기한 이슈들은—식민 지배를 당한 사람들은 제국주의가 밀려왔을 때 무엇을 전용하려 했는가—아프리카 역사학자들에 의해 계속 재구성되면서 정교해지고 있다. 이런 일련의 질문들은 간접 지배 형태라는 큰 틀 안에서 '전통', '관습' 그리고 정체성들이 새롭게 형성될 때, 아프리카 사람들의 역할이 무엇이었는지를 묻는다. 이런 이슈들이 여기서 우리의 관심을 끄는 이유는, 앞에서 살펴본 새뮤얼 존슨의 『요루바족의 역사』와 아폴로 카그와의 『바세카바카 베 부간다*Basekabaka be Buganda*』와 같이 현지에서 생산된 민족지학적이고 역사적인 지식들이 이런 이슈들과 관련되기 때문이다. 양차 대전 사이에 비슷한 저서가 대륙 곳곳에서 출간되었는데, 대개 과거의 통제와 현재의 권리를 둘러싼 아프리카 사회 내의 논쟁과 갈등에서 비롯한 것들이었다. 널리 알려진 예 중 하나는 조모 케냐타(Jomo Kenyatta)[14]의 『케냐산을 마주보며*Facing Mount Kenya*』(1938)이다. 이 책은 케냐의 키쿠유족에 대한 민족지학 역사서로, 백인 이주민들과 식민 정부에 땅을 빼앗기고 주권을 박탈당한 키쿠유 사람들의 상충하는 반응들을 받아들이고자 했다.

이 논쟁의 중심에는 에릭 홉스봄(Eric Hobsbawm)과 테런스 레인저(Terence Ranger)가 1983년에 제안한 신조어인 '만들어진 전통(invention of tradition)' 개념이 있다. 전통이란 (아프리카뿐만 아니라 유럽을 포함한 어느 지역에서나) 오래전부터 시작하여 영원히 계속되는 것이 아니라, 일정 시점에 정치권력의 행사를 합법화하기 위해 최근에 만들어졌다는 주장이다. 이런 통찰을 바탕으로 많은 역사학자들은 토착민 중개인들과 공모한 선교사, 관리, 민족지학자 들이 새롭고도 뚜렷한 '식민주의적' 비전을 아프리카에 부여하는 데 어떤 영향을 주었는지 탐구했다. 2장에서 보았듯이 이런 식민주의적 관점은 아프리카 사회들이 일련의 부족들로 구성되어 있다고 간주했다. 자신들의 고유한 전통, 관습, 법체계를 갖추었으며, 식민지 관리가 '족장'의 뒤를 봐주는 각각의 부족들은 간접 지배라는 건물을 짓는 데 벽돌이 되었다. 학자 마흐무드 맘다니(Mahmood Mamdani)[15]에 따르면, 간접 지배는 식민 지배가 끝나고도 살아남아 불법적인 권력 구조, 즉 일련의 '분산된 독재 체제(decentralized despotism)'를 만들어냈으며, 현대 아프리카 정치의 권위주의적 독재 체제의 유래를 어느 정도 설명해준다. 요컨대, 식민 시대의 지배자들은 아프리카 사회를 보존하겠다고 자처했지만, 사실 그 아프리카 사회 자체가 식민 지배의 산물이다.

이런 통찰은 아프리카에 대한 식민 지배의 영향을 탐구할 때 중요한 역할을 했지만, 지나친 '구성주의(constructivism)'라는 비판을 받았다. 말하자면, 지역적 지식을 마음대로 조작할 수 있었던 식민 지배자들의 강력한 권력이나, 아프리카인들이 만들어진 전통을 받아들일 만큼 어리석었음을 지나치게

21. 간접 지배. 바뭄(Bamum, 현재의 카메룬)의 은조야(Njoya)왕이 수도인 품반(Foumban)에서 그의 신하들, 오스트리아 무역업자인 루돌프 올덴부르크(Rudolf Oldenburg)와 같이 그의 옥좌에서 포즈를 취하고 있다. 은조야왕(재위 1885~1933)은 지칠 줄 모르는 혁신가요 현대화주의자로, 이슬람, 기독교, 토착 관습들이 혼합된 새로운 종교, 독일어, 프랑스어, 토착 방언들을 기반으로 하는 새로운 언어, 왕국의 역사, 법, 관습을 기록하기 위한 표의문자 등을 만들고자 했다. 1912년경 헬레네 올덴부르크 촬영.

강조한다는 것이다. '전통'은 그보다 더 복잡하다. 전통은 최소한 역사적인 근거와 정통성이 있어야 하며, 그렇지 못할 경우 지배의 도구로서 작동할 수 없다. 예를 들어 맘다니의 '분산된 독재 체제'라는 주제는 위에서 언급한 다양하게 퍼져나가는 사회관계들을—이 관계들은 간접 통치 역할을 받은 족장들의 영역 밖으로 그 영향이 뻗어나갔다—과소평가한다는 비판을 받을 수 있다. 19세기에 요루바와 줄루의 정체성이 형성된 과정을 살펴본 대로, 이런 과정들은 종종 식민 지배 훨씬 이전부터 진행되기도 했다. 그리고 1930년대에 이르러 가장 형편이 좋았던 식민 국가들도 현상 유지를 하기에 급급해졌고, 자신들이 불러온 변화들을 통제하거나 이해하는 데 이상할 정도로 매우 서툴렀다.

이 논쟁들은 지금도 진행되고 있으며, 전통, 정체성, 권력의 개념들을 상상하고 재구성하는 데 있어서 식민 지배의 영향뿐 아니라 아프리카인 자신들이 어떤 역할을 맡았는지 더 알게 된다면, '만들어짐(invention)'이라는 개념은 그만큼 더 정교해질 것이다.

제 6 장

미래에 대한 상상과 과거의 재구성

제2차세계대전 이후 20년은 아프리카에 극적인 격변의 시대였다. 1930년대에 나타나기 시작했던 식민 제국의 긴장과 모순이 1945년 이후로 최고조에 달했고, 이 시기에 유럽 식민 종주국들은 아프리카 신민들의 열망을 억누르려 애쓰고 있었다. 양차 대전 사이에 현상 유지에도 급급했던 식민 국가들은 경제 개발 비용의 부담과 정치적 자유에 대한 요구가 점점 커지는 상황에서 내리막길을 걷다가 붕괴되기에 이른다. 영국과 프랑스, 이 두 주요 패권국은 식민 체제를 좀더 포괄적으로 개혁하여 이 변화를 조절하고자 했다. 그렇지만 아프리카 정치인과 그 동료들은 식민 지배의 불공정과 실패에서 벗어나, 미래가 보장되고 현대 세계에서 경제적·사회적 발전을 이룰

수 있는 자치 국가 수립을 상상하기 시작했다.

식민 체제 개혁파의 계획은 아프리카인들의 커져가는 기대감에 휩쓸려 사라져갔다. 1945년 당시 독립국은 단지 네 나라, 즉 에티오피아(1941년에 이탈리아 지배에서 해방), 라이베리아, 이집트, 남아프리카뿐이었다(이집트는 실질적으로는 영국 보호령이었고 남아프리카는 소수의 백인 체제가 집권하긴 했다). 타협을 몰랐던 포르투갈제국과 20세기의 마지막 25년까지 해방전쟁을 이어간 남부의 백인우월주의 국가들을 제외하고, 1950년대 중반까지 알제리를 제외한 북아프리카 전부가, 1960년대 중반까지 대부분의 적도 지역 국가들이 해방되면서 아프리카의 '탈식민 시대'가 시작되었다.

반식민주의의 민족주의가 부상하고 해방이 이뤄지는 시대와 아프리카 역사가 학문 분과로 부상하던 시기가 맞아떨어진 것은 우연이 아니다. 빠르게 변화하는 전쟁 이후의 상황에서 당대의 아프리카 사회가 헤쳐나가야 할 새로운 길과 아프리카의 미래를 상상하는 새로운 방식이 요구되었듯이, 과거를 보는 방식에도 혁명이 필요했다. 서양식 교육과 문해력은 아프리카 사회와 정치를 변화시켰다. 그리고 이런 변화는 식민 지배가 끝나갈 무렵에 세워진 대학들 안에서 이뤄졌으며, 유럽과 북아메리카의 대학들과 마찬가지로, 전문적으로 훈련된 새로운 세대의 역사학자들이 아프리카 대륙의 역사를 재구성하기 시작했다.

식민 지배라는 주제와 마찬가지로, 아프리카 탈식민지화 과정의 역동성도 많은 논쟁의 대상이다. 민족주의자들에게 권력이 넘어갔다는 것이 진정한 분수령인지, 즉 토착민의 주권이 진정으로 회복된 것인지, 정치적 자유가 보장된 새로운 시대가 시작되었다는 것을 의미하는지, 식민 시대에서 '포스트 식민 시대'로 단순히 또다른 독재자에게 권력이 넘어간 식민 시대의 연장은 아닌지 등등의 논쟁들이 계속되고 있으며, 전후 시대의 기록 보관소 자료들을 접할 수 있게 되면서 더 많은 역사학자들이 이 논쟁에 뛰어들고 있다. 어쨌든 아프리카 대륙의 과거에 대한 인식이 근본적으로 바뀌고 있다는 사실에는 의심의 여지가 없다. 유럽 지식인들은 아프리카의 역사를 오랫동안 부정했었지만, 20세기의 두번째 반세기에는 아프리카 역사가 서양 학문의 문을 박차고 들어와 자리를 잡은 것으로 보인다. 그리고 아프리카 과거의 재구성이 애초부터 새로운 아프리카의 미래를 상상하는 것과 연계되어 있었다는 점을 이해하게 되었다.

제2차세계대전 후의 아프리카

21세기가 시작되는 현재 시점에서 과거를 돌이켜보면 유럽 식민 제국들이 필연적으로 몰락할 수밖에 없었다고 보고 싶은 유혹이 있다. 하지만 1940년대와 50년대에 아프리카 사람들이 보기에는 그렇지 않았다. 유럽제국들끼리의 결속은 완화되기보다는 강화되는 경우가 많았다. 전쟁중에 시행되었던 중앙 계획을 연장하고 상품 생산 증대와 노동력 동원에 애쓰면서, 식민 국가들은 점차 야심 찬 '개발주의자'가 되어 일상생활에 깊이 간섭하게 되었다. 소위 '2차 식민 점령'의 영향은 양면적이다. (보통은 아주 낮은 수준에서) 많은 아프리카인들에게 기회가 늘어났고, 위생, 교육, 복지가 확장되었는가 하면 반대로 농장 농부들과 도시 노동자들의 불안은 점점 커져갔다.

노동 투쟁은 대공황기에 일부 지역에서 발생하기 시작했고, 1935년에는 북로디지아 구리 광산에서 대규모 파업이 발생했다. 전쟁 기간 내내 많은 식민지에 불안이 지속되었고, 1940년대 중반에 일련의 파업 사태가 벌어졌다. 특히 1946년 남아프리카의 금광의 휴업, 같은 해 세네갈 다카르, 1947년 몸바사와 다르에스살람, 1948년 남로디지아에서 총파업이 있었고, 가장 극적인 사례로는 1947~48년 프랑스 지배하의 서아프리카에서 5개월간 지속된 철도 파업을 들 수 있다. 보건과 출산율 향상으로 인구 증가가 가속화되면서, 시골에서 온 이주민들이 이 대륙 전역의 도시에 넘쳐났다. 이주 노동 체계를 구축하기 위해 이동의 자유를 통제하는 '이주민 아프리카(settler Africa)' 정책의 시도와 아프리카 사회를 부족 중심적이며 전통을 중시하는 농경 사회로 인식하는 간접 지배 이데올로기 정책에도 불구하고, 빠르게 성장하는 도시들의 엄청난 변화의 소용돌이 속에서 식민 통치자들은 자신들의 강력한 패권을 잃어가기 시작했다.

2차세계대전은 전환점이 되기는 했지만, 프레더릭 쿠퍼가 1940년 이후의 아프리카에 대한 최근 저서에서 보여주듯이, 아프리카 대륙이 취한 정치적 방향은 분명하지 않았다. 패전의 트라우마를 겪은 프랑스는 이전의 제국주의적 지배력을 다시 확보하고자 1944년부터 식민지들과 새로운 헌법적 관계를 구축하고자 애썼다. 비록 처음으로 경제적·사회적 발전을 강조하기는 했지만, 이러한 관계는 결국 '프랑스 연방(French Union)'의 결성이 그 최종 목표였다.

선거권은 점차 확장되었고, 아프리카인 대표들은 선거를 통해 파리에 있는 국회로 진출했는데, 거기에는 세네갈의 시인이자 네그리튀드운동의 공동 창립자인 레오폴 상고르(Léopold Sédar Senghor),[1] 아이보리코스트의 박사이자 아프리카 최대 코코아 농장주인 펠릭스 우푸에부아니(Félix Houphouët-Boigny)[2]가 포함되었다. 1946년 우푸에부아니는 프랑스제국에서 강제 노역을 종식시키는 법안을 도입했고, 세네갈 법률

22. 고등교육. 라고스의 야바(Yaba)대학 도서관에서 한 학생이 공부하고 있다. 1947년, 나이지리아.

가인 라미네 기예(Lamine Guèye)[3]는 시민과 신민의 차별을 종식시키는 법률 제정을 주도했다. 끔찍했던 '토착민법'이 결국 폐지되고, 북, 서, 적도 아프리카와 마다가스카르섬 등 프랑스가 지배했던 광대한 지역의 주민들은 전부 '시민'이 되었다. 그렇지만 주권을 확보한 각 지역이나 국가의 시민이 아니라 중앙집권화되고 활력을 되찾은 대프랑스(Greater France)의 시민이었다. 1947년 마다가스카르에서 농민이 폭동을 일으켜 프랑스의 지배를 위협하자 그 대응은 잔혹했다. 약 10만 명의 마다가스카르 사람들이 이 진압 작전에서 죽어나갔다. 이 사건은 식민 정복 시대의 피로 얼룩진 기억을 되살렸고, 다가올 해방 전쟁의 전조이기도 했다.

1947년에 인도제국을 잃은 영국 역시 엉망이 된 경제를 재건하기 위해 강대국 지위를 복구하고 식민지 생산을 독려하는 데에 심혈을 기울였다. 프랑스와는 달리 처음부터 헌법적인 관계의 구축을 망설였던 영국은 지역의회에 아프리카인 대표를 더 늘렸고, 붕괴되어가던 간접 지배 체계를 좀더 민주적인 '지역 정부' 체계로 바꿔나갔다. 그러나 변화를 재촉한 것은 아프리카에서 일어난 여러 사건들이었다. 1948년 2월, 오랫동안 영국의 '모범적인' 아프리카 식민지로 인식되었던 황금해안에서 일어난 도시 폭동으로, 극히 미온적이었던 개혁 계획은 폐기되었고, 조사 위원회 — 정치적 위기에 대처하는 지극히 영국적인 방식—의 권고에 따라 런던의 식민청(Colonial Office)은 황금해안에 자치 정부를 수립하기로 결정했다. 정치적 주도권은 급진적인 반식민주의 선동가 콰메 은크루마(Kwame Nkrumah)에게 넘어갔고, 그는 기득권층 및 엘리트 아프리카 정치인들과 결별하면서 민족주의 대중 정당을 창설했다. 은크루아는 1951년 그의 인민대회당(Convention People's Party)이 총선에서 승리하자, 독립운동으로 감옥에서 석방되어 '행정 업무의 수장(Leader of Government Business, 실질적인 수상)'에 선출된다. 완전 독립에 대한 그의 호소는 아프리카 전역에 걸쳐 새로이 부상하는 민족주의자들의 영감을 자극했다.

이후 몇 년간 아프리카 대륙 전체에 걸쳐 되풀이되는 하나의 패턴처럼, 이 황금해안의 지도자들도 위기의 순간이 닥치자 정치 개혁 과정의 통제권을 포기했다. 양보에는 더 많은 요구 사항이 뒤따랐다. 냉전이 시작되는 시대적 배경에서 식민 열강들은 보다 급진적인 대안들을 막기 위해 '온건한' 아프리카 파트너들을 식별해내고 육성해야만 했다. 1947년 마다가스카르, 1952~56년 케냐('마우마우[4] 폭동'), 1956~58년 카메룬, 1954~62년 알제리처럼 식민 지배에 급진적으로 대항하는 경우, 그 결과는 무자비한 진압이었다. 유럽의 통치자들과 이주민들은 마우마우 폭동을 '부족사회에서 탈피한

23. 협상에 의한 탈식민화. 1951년 황금해안(현재의 가나) 아크라, 콰메 은크루마의 '인민대회당'에 압도적인 승리를 안겨준 선거. 영국 식민청 홍보 사진사가 '멘사(Mensah) 양, 투표하다'라는 제목을 붙였다.

(detribalized)' 아프리카인이 혼란에 빠져 자행한 비이성적 폭력으로 간주하지만, 케냐의 역사학자들은 이 사건에 대해 매우 정교한, 다른 시각의 분석을 제시한다. 예전에는 이 갈등을 설명할 수 없다고 여겼는데, 이제는 탈식민화에 관한 역사에서 중요한 자리를 차지하게 되었다.

한편, 어떤 성향의 아프리카 정치인이든 대중적인 정통성의 확립이 필요했다. 아시아 민족주의자들의 초기 세대와 같이 이들 대부분도 도시에 근거를 두었고, 서양식 교육을 받았으며, '중산층'에 속했고, 식민 시대에 기회를 잡을 수 있던 사회계층 출신들이었다. 이들의 일은 '시골 민심 잡기'였다. 말하자면, 기득권을 가진 간접 지배 시대의 '족장'이 아니라 새로이 선거권을 받게 된 시골의 유권자들이 미래를 결정할 당사자라고 설득해야 했다. 세네갈의 레오폴 상고르와 시에라리온의 밀턴 마르가이(Milton Margai)[5] 같은 몇 안 되는 정치가들은 처음부터 시골의 이익을 대변했고, 당연히 그들의 목표는 기득권을 가진 도시 엘리트들을 축출하는 것이었다. 탈식민화 과정은 유럽의 식민지 총독과 민족주의 해방운동가들 사이의 단순한 투쟁과는 거리가 멀었고, 아프리카 사회 내부의 정치투쟁으로 점철되어 있었다.

1948년 황금해안 폭동이 서아프리카의 상징적인 전환점이었다면, 같은 해 남아프리카에서 백인들만의 선거로 국민당

이 승리한 사건은 남부 및 중부 아프리카 대다수 지역의 상황과는 전혀 다른 궤적을 보였다. 아프리카너(Afrikaner)[6] 민족주의의 전파 기관으로서 새롭게 탈바꿈한 국민당은 '아파르트헤이트', 문자 그대로 '차별'이라는 슬로건을 내걸고 인종차별과 백인 경제 패권을 굳히기 시작했다. 흑인들의 도시 유입 물결을 차단하기로 결정한 후, 점차 더욱 포악해진 이 인종차별국가는 아프리카의 '전통적인' 시골 사회를 착취하던 식민 시대의 이주 노동 체계를 마지막으로 소름 끼치게 재현한 괴물의 모습이었다. 남아프리카에서 벌어진 이런 모델은 격한 전쟁에서 벗어난 로디지아와 케냐의 소수 백인 이주민 사회로 하여금 백인이 지배하는 자치 정부 수립 요구를 밀어붙이도록 자극했다.

앙골라, 모잠비크의 포르투갈 식민지, 벨기에 콩고의 남부 광산지대에서, 이주민 인구와 외국인 광산 회사들도 역시 빠르게 확장되어갔다. 1957년 말에도 콩고의 가부장적 지배자들은 자치 정부 수립이 몇 세대 후에나 가능하다고 믿었으며, 포르투갈의 우파 독재 정권은 식민지 국민들에게는커녕 자국의 국민들에게도 민주적 권리를 줄 생각이 없었다. 북아프리카와 서아프리카 대부분이 구조적인 개혁의 길에 들어설 동안, 남부에서는 백인 이주민 세력이 새로운 패권을 잡아간 것처럼 보였다. 이렇듯, 탈식민화 과정은 시간이 오래 걸렸고 폭

24. 반식민주의 데모와 백인 경찰. 1962년 9월 20일 남로디지아(현재의 짐바브웨) 솔즈베리(Salisbury, 현재의 하라레)에서 '짐바브웨아프리카인민연합(Zimbabwe African People's Union, ZAPU)'이 불법화되자 이에 항의하는 시위대가 무장 경찰과 대치하고 있다.

력이 수반되었으며, 도시에서의 협상보다는 지방에서의 항거가 더 두드러졌다. 백만 명의 유럽인 이주민들이 있던 알제리 역시 1954년부터 1962년까지 혹독한 해방전쟁을 겪었다. 이는 종주국과 식민지 양쪽에 트라우마를 남겼고, 얼마 지나지 않아 그 후유증으로 인한 갈등이 프랑스 본토로 번지게 되었다.

아프리카 역사의 탈식민화

이러한 사회 변화, 급증하는 기대감, 정치투쟁 같은 요소가 아프리카 역사의 학문적 발전을 풍요롭게 해주는 씨앗이었다면, 영국이 지배한 서아프리카에서 교육 확장 정책의 일환으로 설립한 고등교육기관과 영국과 미국에 있는 소수의 선도적인 대학 분과는 학자들의 연구를 위한 중요한 텃밭이었다. 1948년, 이해가 또다시 중요하다. 나이지리아의 이바단과 황금해안(아크라 변두리의 레곤)에 단과대학이 세워졌고, 북미에서는 노스웨스턴대학(시카고 부근 에번스톤)에 처음으로 학제간 아프리카 연구 프로그램이 개설되었으며, 런던에 있는 아시아아프리카대학(SOAS, School of Oriental and African Studies)[7]에 롤런드 올리버(Roland Oliver)가 부임하여 아프리카 역사를 처음으로 강의했다(이어서 올리버와 그의 동료인 존

25. 반식민주의 전쟁이 영화화되었다. 이탈리아 유대인 출신으로 정치 영화의 대부 질로 폰테코르보(Gillo Pontecorvo)가 1965년에 제작한 〈알제리 전투〉의 한 장면. 1957년 민족해방전선(FLN)의 전사들과 프랑스의 공수부대가 알제리 수도 알제 중심부의 카스바(casbah) 장악을 놓고 벌인 참혹한 투쟁을 담았으며, 알제 현지에서 촬영되었다. 전 민족해방전선 지도자였던 사아디 야세프(Saadi Yacef)가 각본 집필과 공동 제작에 참여했으며, 직접 연기도 했다(음악은 엔니오 모리코네가 맡았다—역자 주).

페이지(John Page)는 〈아프리카 역사 저널〉을 창간했고, 아프리카 역사에 대한 최초의 현대적 교과서를 공동 집필했다). 1951년에는 독립한 에티오피아, 우간다, 수단에도 새로운 종합대학이 세워졌다.

그렇지만 식민 사관을 제거하는 과정은 길고 힘들었으며 많은 논쟁도 거쳐야 했다. 나이지리아 역사학자 제이컵 아자이가 이바단대학이 1949년부터 수여한 학위 논문에 대해 술회하는 것처럼, 아프리카의 신생 대학들에서 '역사'는 여전히 기본적으로 유럽 역사를 의미했다. 그나마 학생들이 자신들의 과거에 대해 배울 수 있었던 과목명은 '아프리카에서의 유럽 활동의 역사'였고, 선구적인 언어학자이면서 식민지 관리였던 해리 존슨(Harry Johnson)이 1899년에 출판한 책 『타 인종에 의한 아프리카 식민지화*The colonization of Africa by Alien Races*』가 주 교과서였다! 아자이의 기억에 따르면, 이 책이 '아프리카 역사의 가장 학문적인 단편 저서로 간주되었으며' 점차 새로운 사료들로 보완되기는 하지만, 이바단대학이 1962년 런던대학과 제휴 관계를 끝낼 때까지 정규 교재로 남아 있었다.

황금해안의 독립과 그 여파에 따른 나이지리아의 독립이 협상에 의한 독립 과정의 선두였듯이, 이 두 나라의 주요 대학도 아프리카의 역사를 탈식민화하는 과정에서 선구적인 역할을 맡았다. 특히 이바단대학은 1950년대 반식민주의 투쟁과 1960년대 독립 초반의 행복했던 시대와 함께 발전한, 이른바 '민족주의' 아프리카 역사학의 첫번째 물결을 상징했다. 1956년부터 나이지리아 역사학자 온우카 디케(K. Onwuka Dike)가 이끈 '이바단학파'는 식민 시대 이전의 국가 형성, 특정 지역에서의 '교역 및 정치'의 상관관계, 식민 정복에 대한 저항, 19세기부터 부상한 아프리카의 학식 있는 엘리트 등을 연구 과제로 설정했다. 디케의 저서 『니제르 삼각주에서의 교역 및 정치*Trade and Politics in the niger Delta*』(1956)는 기본적인 교과서로, 유럽의 기록 자료를 검토하되 철저히 아프리카의 관점에서 아프리카-유럽의 상호작용을 연구한 저서다.

현재의 역동성의 근원을 과거의 영광에서 찾아 식민주의 세계관을 무너뜨리는 데 결정적인 역할을 한 사람들은 배질 데이비드슨(Basil Davidson)과 토머스 호지킨(Thomas Hodgkin)으로, 그들은 한창 부상하고 있던 대학의 전문적인 역사학자 양성 체계에 속하지 않는 학자들이었다. 1956년 첫번째 책을 시작으로 아프리카 역사와 정치를 다루는 여러 저서를 집필한 저널리스트 데이비드슨은 아마도 세계의 대중적인 독자들에게 새로운 분야를 가장 효과적으로 전파한 독보적인 인물일 것이다. 1950년대에 황금해안에서 학교 밖의 공개강좌 강사였던 호지킨은 그의 탁월한 저서 『식민지 아프리카에서의 민족주의*Nationalism in Colonial Africa*』(1956)에 당시의 분위기를 그려내면서, 부상하는 반식민주의 투쟁이 역사적인 맥락에서 어떤 자리를 차지하는지 밝혀내고자 했다. 이후의 역사학자들은 당대의 국가 건설 계획이 이런 역사적 연구에 어떠한 영향을 미쳤는지에 대한 다수의 연구를 이어갔다. '잃어버린 과거를 찾아서(for a usable past)'라는 모더니즘의 문구를 상기시키는 이 연구들은 아프리카인들이 독자적으로 유지되는 국가를 수립했고, 식민 정복의 폐허에서도 살아남았으며, 자신의 운명을 스스로 통제할 준비가 되어 있다는 사실을 드러내고자 했다.

아프리카 역사의 선도적인 전문가들은, 아프리카인이건 유럽인이건, 전문가이건 독학한 사람이건, 제국주의 시대의 인종적 등급의 타파를 진정한 사명으로 삼았다는 사실에는 의심의 여지가 없다. 그렇지만 '잃어버린' 또는 '정통적인' 과거라는 개념은 과장되지 않아야 한다. 초기 민족주의 역사학자들이 식민 시대 이전 역사에 관심을 기울인 데에는 이념적인 이유만큼이나 실질적인 이유가 결정적이었다. 1950년대와 60년대에는 영국의 공식 문서들이 50년간 공개되지 않는다는 방침 때문에(차후에 30년으로 줄어든다) 연구자들이 대부분의 식민 시대 사료를 접할 수 없었다. 더군다나, 과거의 많은 부분이 백지상태에 가까웠기 때문에, 확보할 수 있는 기록물과 구전 사료에서 눈에 띄는, 말하자면 왕국과 제국의 입장에서 있는 자료에 집중하지 않을 수 없었다. 이렇게 다져진 기초가 나중에 좀더 광범위한 사회사로 관심이 옮겨가는 데 중요한 역할을 했다고 볼 수 있다.

더 중요한 것은, 정치 지도자들이 미래를 제안하는 데에 손쉽게 써먹을 만한 잃어버린 과거의 모델을 찾아보기가 어려웠다는 점이다. 역사학자들이 아산테, 부간다, 소코토 칼리프국가 같은 강력한 식민 시대 이전 국가들을 그들의 저서를 통해 복원하여 생기를 불어넣으려 노력한 반면, 민족주의 정치인들은 과거의 정치 구조를 소생시키지 않고 유럽 정복으로 모양이 결정된 당시의 영토를 그대로 물려받고자 했다. 아산테 왕국을 신생국 가나에 통합하고자 했던 은크루마의 투쟁과 마찬가지로, 소코토 칼리프국가는 나이지리아로, 부간다는 우간다로 편치 않은 병합이 이루어진 사실을 보면, 역사적 지식의 정치적 기능에 관한 진정한 성격과 한계를 알 수 있다. 요컨대 정치적 기획이나 수단으로서의 아프리카 역사보다는 폭넓은 학문 분야의 정통성을 갖춘, 신뢰할 만한 학문 분야로서의 역사를 구축하려는 욕망이 더 중시되었다.

아프리카에 적용된 역사 인식론, 즉 역사 지식의 근거에 관한 이론은 처음부터 논쟁거리였다. 여기에서도 앞서 언급된 나이지리아와 소코토 칼리프국가에 관한 예시를 들 수 있다. 나이지리아 북부 도시 자리아(Zaria)의 아마두벨로(Amadu Bello)대학이 1960년대에 이바단학파의 경쟁 상대로 부상하여 역사학 분야의 지적 헤게모니에 도전장을 내밀었다. 이슬람으로 개종한 영국인으로서 '이슬람 정통주의자'로 평가되는 압둘라히 스미스(Abdullahi Smith)가 이끌었던 이 그룹은 새로운 '서구 스타일'의 아프리카 역사 방법론과 수단 지역의 무슬림 학문의 오래된 전통의 역사 방법론 사이에서 공통분모를 찾고자 했다. 1975년에 들어서면서 압둘라히 스미스는 나이지리아 대학들과 역사학과들이 '소코토 지하드(jihad)의 학문적 이상(理想)의 어떤 면모들을 그들의 전통에 편입'시켜야 한다고 주장한다. '서구의' 역사적 패러다임이 주류로 부상하는 데 대항하는 초기의 도전으로서—비록 예의바르긴 했지만—그가 주도한 자리아에서의 '북부 역사 연구 기획(Northern History Research Scheme)'은 다가올 이념 투쟁의 전조였다.

나이지리아 북부에서 압둘라히 스미스의 주도적인 역할은 영어권 역사학계가 태동할 때부터 지녔던, 오늘날엔 '다문화적' 특성이라고 일컬어지는 것의 좋은 예를 보여준다. 이때는 나이지리아에서 디케와 아자이, 가나의 아두 보아헨(A. Adu Boahen), 케냐의 베스웰 오고트(Bethwell A. Ogot) 같은 선도적인 학자들이 아프리카의 신생 대학에서 첫번째 과정을 이수하고, 영국으로 건너가 박사학위를 위한 전문 교육 과정을 밟은 후 자신들의 조국으로 귀국하여 역사학 교과 과정을 개설했다. 이런 움직임에는 에티오피아와 남아프리카의 주도적인 역사학자들도 포함된다—그렇지만 남아프리카 학자들 중 일부는 인종차별이라는 국가의 탄압 때문에 귀국하지 않았다. 또한 이때는 유럽과 북아메리카 학자들이 대개 아프리카에서 강의하던 때이기도 하다. 이들 중 많은 학자들이 1960년대에 이바단과 경쟁하며 역사 연구의 중심으로 떠오르던 탄자니아 다르에스살람대학에 소속되어 있었다. 그중 가이아나 출신의 급진적 역사학자로 『유럽은 어떻게 아프리카의 발전을 가로막았나*How Europe Underdeveloped Africa*』(1972)를 저술한 월터 로드니(Walter Rodney)는 '민족주의적' 접근에서 탈피하여 마르크시즘의 영향을 받은 경제사로 방향을 바꾸었고, 이는 차후 관점의 전환들을 예고하는 신호탄이었다.

이런 지적 교류를 밑받침한 배경은 개발 도상 국가들의 상대적인 경제성장, 특히 1950년대의 원자재 호황기(commodity boom)였다. 이런 측면에서, 역사학자들이 2차세계대전 이후 '제2차 식민 점령' 시기부터 아프리카 대륙 전체로 퍼져나간 '전문가' 계급으로 보일 수 있었으며, 이런 식민 점령은 영토보다는 지식을 둘러싼 현대판 쟁탈전이 되었다. 그러다가 1970년대 혹독한 경기 침체와 함께 아프리카 대학들의 짧은 성장기 역시 끝났다. 싹이 터가던 아프리카인 학자들은 박사 과정을 받으러 해외로—점차 미국으로—떠났지만, 열악한 환경의 고국으로 돌아오지 않고 해외에 눌러앉는 경우가 점점 많아졌다.

프랑스의 예전 식민지에는 역사의 탈식민화가 더디게 진행되었다. 영국 식민지들처럼 이 식민지들의 가파른 도시화와 사회 변화를 본 프랑스의 사회과학자들은 정적인(static) 아프리카 '부족'이라는 예전의 인식을 재평가하지 않을 수 없었다. 조르주 발랑디에(Georges Balandier)[8]는 이런 측면에서 가장 중요한 인물로, 1951년에 변화하는 '식민 시대 상황'에 대해 통찰력 있는 논문을 발표한다. 4년 후에는 적도 아프리카의 프랑스 식민지 수도였던 브라자빌에서 아프리카인의 삶에 대한 기념비적인 저서를 내놓았고, 프랑스의 아프리카 관련 연구소들을 세우는 데 주도적인 역할을 하기도 했다.

그렇지만 영어권과는 달리, 한동안 프랑스 학계에서는 역사학과 고고학의 관계가 빈약했다. 그런 와중에도 마그레브 지역은 예외로, 이슬람 학문의 기존 전통이 있었기에 식민 시대 이전의 아랍어 문헌이 풍부했고, 알제리의 경우에는 식민 시대부터 알제대학(1909년 설립—역자 주)이 있었다. 프랑스는 중앙 집중 전통이 강한 나라여서, 프랑스령적도아프리카에서 독립 대학이 있는 곳은 세네갈의 다카르 하나뿐이었다.

그렇지만 이 대학조차도 1957년 아프리카 땅에 세워진 프랑스 대학이었고, 파리의 소르본대학처럼 아프리카 역사가 아닌 식민 시대의 역사를 가르쳤다. 1960년에 세네갈이 독립한 이후에도 다카르대학은 프랑스 시스템에 완전히 통합되어 있었고, 교수진과 지적 지향점이 '아프리카화'되는 데는 많은 시간이 필요했다. 1963년까지만 해도 다카르대학에는 역사를 가르치는 아프리카인 교수가 없었는데, 역사학으로 박사학위를 받은 세네갈 학생들 중 한 명인 압둘라예 리(Abdoulaye Ly)[9]는 파리에서 일자리를 구하지 않고 조국에서 일하기로 마음먹었다.

학계의 기본 원칙에 따라 아프리카 역사가 전문화된 흐름도 중요하기는 하지만, 오래된 '옹호주의(vindicationism)' 전통이 대학 기반의 연구와 병행해서—그리고 불편한 대화를 주고받으면서—지속되었다는 사실을 가려서는 안 된다. 특히 프랑스어권에서는 아프리카 과거에 대해 근거가 부실한 대안적인 접근들이 두드러졌다. 이는 역사학계가 '흑인 정신' 운동의 지적 유산을 상속했기 때문이기도 하고, 소르본과 다카르대학이 끈질기게 지속한 식민사관의 영향 때문이기도 하다. 가장 넓은 의미에서 '네그리튀드' 전통을 표방한 주요 매체는 〈프레장스 아프리켄느(Présence Africaine, 아프리카의 존재)〉로, 새로워진 프랑스의 식민주의의 변함없는 동화주의 사상에 대항하려는 목적으로 1947년 세네갈 지식인 알리운 디옵(Alioune Diop)이 파리에서 창간했다. 벨기에 콩고의 루바 지역에서 선교 사역을 하던 플라시드 탕펠(Placide Tempels) 신부가 '아프리카 사상'과 흑인들의 창조적인 정신을 보편주의적 관점에서 기술한 저서 『반투 철학*La Philosophie bantou*』을 1949년에 출간한 매체가 바로 이 〈프레장스 아프리켄느〉였다.

그렇지만 이런 분위기에서 가장 우뚝 솟은 인물은 세네갈의 역사 이론가 셰이크 안타 디오프(Cheikh Anta Diop)다. 역시 〈프레장스 아프리켄느〉에서 출판한 그의 첫 저서 『흑인 국가들과 문화*Nations nègres et culture*』(1955)를 시작으로, 디옵은 고대 이집트와 사하라 이남 아프리카의 소위 문화적 통일성에 집중했다. 우리가 2장에서 살펴본 것처럼, 이런 논쟁적인 이론들은 실질적 근거를 바탕으로 하는 인류학자들과 역사학자들에 의해 설득력 있게 거부되었다. 그럼에도 불구하고 역사적인 근거가 의심쩍은 디오프의 이론은, 학계 밖에 있었던 배질 데이비드슨의 보다 진지한 공헌처럼, 학문의 전당을 뛰어넘어 훨씬 광범위한 영향을 끼쳤다. 주목할 만한 점은 디오프의 시각이 반식민주의 투쟁의 영향을 받았다는 것과, 그가 1960년대 초에는 시인 대통령 레오폴드 상고르 정권에 급진적인 반대 목소리를 내는 세네갈 정치인이 되었다는 점이다. 그의 이집트 중심주의적인 이론은 지속해서 대중들의 인기를 얻었으며, 1986년 그가 사망했을 때는 다카르대학이 셰이크 안타디오프대학으로 개명되었다.

식민 시대 이후 국가들

통일성이냐 다양성이냐 하는 문제는 아프리카 과거의 성격에 관한 단순한 학문적 토론 주제에 그치지 않았다. 그것은 탈식민화 과정의 윤곽과 식민 시대 이후 계속되는 갈등을 형성하는 정치적 이슈이기도 했다. 프랑스와 영국의 식민지였던 아프리카 국가들에서 치러진 선거는 개별 영토의 정치 활동에 집중하게 되었고, 각자의 현실적인 이해관계에 따라 범아프리카주의 기반의 통일이라는 오래되고 모호한 이상은 점차 희미해져갔다. 1957년, 황금해안은 사하라 이남 국가들 중 처음으로 완전독립국이 되었고, 신생 국가의 이름으로 대수단 제국들[10]의 초기 이름이었던 가나가 채택되었다. 그 뒤를 이어 기니가 1958년 국민투표를 통해 프랑스와의 연합 대신 완전한 주권의 회복을 택했고, 이는 2년 후 아프리카의 프랑스 식민 체제의 해체와 다른 국가들의 독립을 촉발하는 계기가 되었다. 1960년에는 인구가 가장 많은 나이지리아, 소말리아, 벨기에령 콩고가 독립했다.

이때는 행복했고 낙관주의가 넘쳐났다—진정으로 옹호주

의가 실현된 순간이었다. 그렇지만 범아프리카주의의 선구자인 가나의 콰메 은크루마가 '대륙 정부' 수립을 위해 거창한 수사를 쏟아냈음에도, 독립을 성취하려면 각 국가 안에서 권력이 확고하게 자리잡아야 한다는 것이 확연해졌다. 더군다나, 유럽의 강압적인 지배 토대가 갑자기 무너지자, 많은 신생국가들의 내부 통합조차 회의에 빠졌다. 일반적으로 아프리카 안팎에서는 이런 내부 갈등을 일종의 원시적인 부족주의로 회귀한 결과로 보았다. 그렇지만 우리가 살펴본 것처럼, 최근의 연구는 부족 정체성과 내부의 지역적 권력 경쟁이 식민지배의 산물이었던 경우가 얼마나 많았는지를 보여준다. 역사학자들은 식민 시대 이후 아프리카 국가들의 사회 갈등과 정치 폭력의 뿌리가 얼마나 복잡한지 이제 겨우 조금 알게 되었을 뿐이다.

국가의 통일과 부족의 다양성 사이의 문제가 벨기에령 콩고(현재 콩고민주공화국)보다 심각하게 두드러진 곳은 없다. 고도로 권위주의적인 벨기에 정권은 아프리카 대륙에 부는 민족주의 열풍이 아프리카 한가운데의 거대한 영토만은 피해가도록 노력했지만 결국 실패했고, 그후 1950년대 말 탈식민화라는 열차에 마지막으로 올라탔다. 그 결과는 재앙이었다. 1960년 강력한 카리스마의 민족주의자 파트리스 루뭄바(Patrice Lumumba)[11]가 내각을 양도받은 지 며칠 되지도 않은 상황에서, 콩고 군대가 계속되는 백인 장교들의 통제에 항거하여 폭동을 일으켰다. 일주일 후 광산 자원이 풍부한 카탕가 남부 지역은 분리 독립을 선언했고, 이후 수년간 무장 갈등이 난무하는 와중에 루뭄바는 정적에 의해 살해되었으며, 경쟁 세력들과 부족 지배 세력, 외국의 간섭이 얽혀 지리멸렬한 상태에 빠져들었다.

'소비에트의 영향'과 서구의 '신식민주의'에 대한 두려움 속에서, 콩고는 아프리카의 첫번째 냉전의 전쟁터가 되었다. 소위 콩고 위기(콩고인들은 '엉망진창pagaille'기라 부른다)는 기자 출신으로 장군이 된 조제프 모부투(Joseph Mobutu)가 군사 쿠데타로 독재 정권을 수립하는 1965년에 끝난다. 문화적·역사적 '정통성'에 대한 자신만의 왜곡된 비전을 바탕으로 세세 세코 모부투(Sese Seko Mobutu, 유럽식 이름을 금지한 후 스스로 모범을 보인 개명)는 최악의 부정과 비리로 얼룩진 아프리카 독재자가 되었고, 불라 마타리, 즉 '바위 깨는 사람'의 최후의 화신으로서, 국가를 이끄는 새로운 레오폴드로 등극한다.

콩고의 불행은 탈식민화와 식민 시대 이후 아프리카 국가들의 극단적인 실패 사례를 보여준다. 이와는 달리, 대부분의 아프리카 신생국은 비참한 붕괴를 겪지 않고 협상을 통해 독립을 달성했다. 아프리카의 리더들이 내세운 경제의 '근대화'와 '국가 통합'이라는 목표는 1960년대에 느리지만 순탄하게 진행되었다. 당시 걷잡을 수 없게 된 반식민주의 민족주의의 물결로, 영국은 동부 및 중부 아프리카 국가들을 1961~64년에 독립시킬 수밖에 없었으며, 포르투갈 식민지에는 해방전쟁이 발발했고, 남로디지아(짐바브웨)에서는 분리되어 있던 백인 이주민 정권에 대한 반발이 일어났다.

계속되는 빈곤과 대체적으로 결핍된 민주적 책임 의식에도 불구하고, 대중 사이에서는 낙관주의가 10년 동안 상당히 높게 유지되었다. 이런 상황은 아프리카 역사 편찬의 첫번째 물결에 일부 반영되었다. 콩고, 사헬 지역의 가난한 국가들, 인종차별정책을 펼친 남아프리카의 흑인 '거주 구역'뿐만 아니라 북쪽의 카사블랑카와 카이로의 판자촌에서조차도 예전의 탄력적인 회복력, 혁신, 문화적 활력이 지속되었다. 20세기 후반 50년간 이슬람과 기독교로의 개종이 가속화됨에 따라 정치적 자유보다는 개인의 정신적 해방이 더 추구되었다. 가장 상징적인 현상으로, 대중음악의 새로운 형식이 고된 일상생활에 전염성이 강한 사운드트랙을 제공했고, 더 나은 미래에 대한 열망을 고조시키는 목소리를 냈다. 1960년대 말까지 콩고에서 가장 유명한 '시투아엥(citoyen)'[13]은 정치적 마술사 모부투가 아니라 기타의 주술사 프랑코 루암보 마키아디(Franco Luambo Makiadi)로, 그는 밴드 '전능한 킨샤사 오케스트라(TPOK, Tout Puissant Orchestre Kinshasa) 재즈'의 리더로

26. 아프리카 정치는 아프리카계 미국인들의 정치와 연계되어 있다. 1961년 뉴욕 할렘에서 '유색인종의 진보를 위한 전국 연합(National Association for the Advancement of Colored People)'의 집회중에 '이슬람 국가(Nation of Islam)'[12]의 회원들이 암살당한 콩고 수상 파트리스 루뭄바의 초상이 그려진 플래카드를 들고 시위를 하는 장면.

서 아프리카 최초의 음악계의 슈퍼스타였다. 프랑코의 룸바 사운드는 아프리카 대륙을 휩쓸었고, 모부투 치세하의 자이르(1971년에 자이르로 개명했다가 1997년부터 콩고민주공화국)를 식민 시대와 식민 시대 이후의 신화 조작이라는 오명의 상징 '암흑의 중심지'에서 '춤의 중심지'로 변모시켰다. 최근에 역사 연구가 정치와 경제에서 사회와 문화로 확장되며 일상생활의 근저에 자리잡은 그들 특유의 리듬의 역동성이 알려지기 시작하고 있다.

그렇지만 이런 낙관적인 분위기는 1960년대 말에 이르러 현저하게 시들었다. 1966년 콰메 은크루마를 권좌에서 끌어내린 가나의 군사 쿠데타가 대중의 폭넓은 지지를 받은 것은 민족주의 리더들의 약속이 공염불이었다는 것을 보여준 징조였다. 유일 정당 정부에 이어서 등장한 정권은 군사독재로서 '정당 없는 정부'였다. 같은 해에 나이지리아에서 연이어 발생한 쿠데타는 1967년부터 1970년까지 나이지리아를 내전으로 몰아넣는 촉매제가 되었다. 나이지리아는 비아프라(Biafra)[14]의 분리 독립 시도의 여파를 벗어났지만, 군부 지배하에 놓이게 되었고, 완전 독립에 대한 열망이 거의 꺼져버렸다.

그후 1970년대가 되자 아프리카 대륙 전체가 혹독한 경제 불황에 빠졌다. 1973년의 석유파동으로 인해 세계경제에 불황이 덮치자, 아프리카는 주요 1차 생산물의 수출에 의존하면

27. 대중문화. 아파르트헤이트 시대로 접어들고 4년이 지난 1952년 요하네스버그에서 춤추는 사람들. 남아프리카에서 유명한 〈드럼 매거진〉의 주요 사진작가 위르겐 샤데버그(Jürgen Schadeberg)가 촬영.

서 다변화하지 못한 경제가 휘청거리게 되었다. 요컨대, 전쟁 후의 호황이 끝나면서 개발도상국들은 파국적인 결과를 맞았다. 인구는 빠르게 늘어나는데 그에 따른 서비스가 제공되지 못하면서 국가 자체가 허약해졌고, 점점 더 많은 시민이 자신의 문제를 스스로 헤쳐나가야만 했다. 최악의 경우에는 불법적이고 이질적이며 약탈적이었던 이전의 식민 시대를 닮아갔다.

새로운 아프리카 역사의 첫 장은 심화되는 위기로 끝을 맺었다. 독립에 대한 높은 기대가 사라지자, 2세대 역사학자들은 국가를 수립한 토호들의 과장되거나 왜곡된 업적에서 눈을 돌려, 식민 시대 이전과 식민 시대(또는 식민 시대 이후까지) 사이의 연결 고리를 제공했던 경제적·사회적 투쟁에 초점을 맞추기 시작했다.

제 7 장

기억과 망각, 과거와 현재

50여 년 전인 1950년대 중반에는 '아프리카 역사'라는 개념이 거의 존재하지 않았다. 소수의 미국계 아프리카 지식인들의 별 근거 없는 저술들, 기독교 교육을 받은 아프리카인들이 구비 전승을 수집한 출판물들, 오래된 아랍어 기록들을 마찬가지로 어설프게 번역한 몇 안 되는 글들, 이런 것들 외에는 아프리카 역사를 제대로 파고든 학문적 성과물이 거의 또는 전혀 없었다. 아프리카 연구는 사회인류학이 지배했으며, 사회인류학자들은 대단히 호의적인 경우에조차도 아프리카 문화를 영원히 변하지 않는 것처럼 그려내는 경향이 있었다. 확립된 문자 문화를 갖고 있었고 그래서 과거를 복구할 수 있었던 사하라사막 북쪽 지역은 남쪽의 '블랙 아프리카'가 아니라

보통 지중해 또는 아랍 세계에 속하는 것으로 간주되었다. 요컨대, 아프리카는 고립된 왕국으로 역사가 없는 대륙이며 그들의 미래는 유럽의 신탁통치가 재개되는지 여부에 달려 있다고 보았다.

그후 사고의 혁신적인 전환이 일어났다. 유럽의 식민 지배가 끝나면서, 아프리카 역사의 회복은 아프리카 주권의 회복에 필수 불가결한 요소였다. 1950년대에 소수의 선도 그룹에서 시작하여, 일군의 아프리카인 역사학자는 이후 몇십 년에 걸쳐 유럽, 북아메리카 그리고 아프리카 내의 대학에 아프리카 역사학 과정을 개설할 만큼 성장했다. 학계에는 회의적인 시각이 만연했고, 아프리카 밖의 역사학자들이 접할 수 있는 문서 자료들이 많지 않았던 상황에서, 식민주의와 유럽 중심주의로 침묵을 강요당했던 사람들로 하여금 자신들의 목소리를 낼 수 있도록 하기 위해 아프리카 학자들은 혁신적이고 다양한 사료와 방법들을 이용했고, 이렇게 해서 많은 성과를 이루었다. 광범위한 역사에 아프리카 대륙의 과거를 재통합하여 아프리카를 '인간화(humanizing)'했고 동시에 역사학 자체를 풍성하게 만들었다.

최소한 이런 상황 설명이 수용되고 있다. 건국의 아버지들—미개한 지역을 문명화한 루바의 칼랄라 일룽가 같은 '문화 영웅'[1]—을 기념하는 아프리카의 기원 설화들처럼, 그 속에 진실의 핵심 이상의 무언가가 내포되어 있다. 그렇지만 그 전승들과 마찬가지로 이야기는 좀더 복잡하고 논란의 대상이 되기도 한다. 그래도 한 가지 사실, 즉 아프리카 역사 기술의 낙관적이고 팽창적인 단계는 이제 분명히 먼 얘기가 되었다. 1970년대 초, 학문적인 기획의 의미와 방향에 대한 불확실성은 명백했다. 아프리카의 경제 불황과 정치적 혼란이 지속되자, 신생 학문이었던 아프리카 역사학은 하나의 지배적인 '패러다임'과 여러 패러다임 사이를 오락가락하기 시작한다. 식민 시대 이후에 찾아온 위기도 아프리카의 대학들에게 타격을 주었다. 자금이 고갈되고, 제도적·물리적 인프라가 허물어지고, 도서관 장서들이 다 흩어진데다, 많은 역사학자들은 연구를 지속하기 위해 해외로 떠나갔다. 최근 역사 연구에 만연한 불안감을 보고 판단하건대, 아프리카 역사는 여전히 지속적으로 위기 상태에 빠져 있다. 과거와 현재 사이에서, 과거의 학문적 규율과 토착적 인식 사이에서 대화를 유지하는 최선책이 무엇인지, '서구'에서는 아프리카에 기반을 둔 학자들과 연계하는 최선책이 무엇인지를 놓고 사분오열하고 있는 것처럼 보인다.

이 마지막 장에서는 아프리카 연구가 최근 어떻게 전개되는지, 어느 방향으로 향하는지 살펴보자. 아프리카 역사에 접근하는 변화된 방식들은 어느 정도 아프리카 대륙 자체의 변화하는 운명과 궤를 같이한다. 21세기가 시작되면서, 가장 낙관적인 사람들만이 아프리카 역사학과 아프리카 대륙 자체가 아주 건강한 상태라고 주장할 뿐, 일반적으로는 아프리카, 특히 사하라 이남이 전체적으로 영구적인 위기에 빠져들었다고 판단한다. 광범위한 빈곤, 비리, 정치적 정당성의 결여, 생태적인 위기, 기아, 에이즈의 유행, 국가의 붕괴, 소말리아, 시에라리온, 라이베리아, 코트디부아르, 다르푸르(수단 서쪽) 그리고 콩고민주공화국의 내전 등, 콩고 독립 초기의 '엉망진창'이 아프리카 대륙 전체를 휩쓸고 있다. 이런 을씨년스러운 풍경은 아프리카를 여전히 '병적(pathological)'으로 무질서하고 비정상적이라고 바라보는 왜곡된 외부인의 시각을 시사하는 것일지도 모른다. 그러나 이런 시각은 평범한 아프리카인들 스스로가 동의하는 것이기도 하다. 이런 암울한 현재에 역사 연구는 어떻게 다가가야 할까?

기억과 망각

먼저 현대 아프리카의 기억, 망각, 역사에 대한 두 가지 이야기를 보자. 첫째, 이 책을 시작하면서 다루었던 젠네제노가 있는 말리공화국으로 돌아가서, 상징적인 인물로 만데족의 유명한 '젤리우(구비 전승가) 또는 '그리오(이야기꾼)'인 와 카미소코(Waa Kamisoko, 대략 1919~76)의 이야기를 살펴보자. 그 무대는 옛날 말리제국의 만데족의 중심지였던 니제르강 상류 지역이다. 모라에스 파리아스(P. F. de Moraes Farias)가 조사한 와 카미소코의 이력을 보면, 기억을 보존하고 역사를 복구할 때 과거와 현재가 어떻게 관계를 맺어가는지에 대해 많은 점을 알 수 있다. 다른 젤리우들처럼, 카미소코도 13세기에 말리를 세운 순자타와 1324~25년에 메카 순례 여행으로 유명한 위대한 통치자 만사 무사에 관한 서사시, 노래, 설화 들을 구연하는 데 정통했다. 특이하게도, 그는 학자들과 긴밀하게 관계를 맺고 국제 역사 세미나에 참석했으며 말리인 인류학자 시세(Y. T. Cisse)와 같이 (프랑스어로) 번역 작업을 하고 그만의 순자타 서사시를 출판하기도 했다.

카미소코는 젤리우와 역사적 '정보 전달자'의 전통적인 역할을 뛰어넘는데, 아마도 학계와의 연관성뿐 아니라 현대의 말리에서 겪은 다양한 개인적 경험 때문일 듯하다. 그는 전해져 내려오는 서사에 자신의 비판적인 해설을 넌지시 곁들인다. 우리가 3장에서 살펴본 것처럼, 구비 전승은 현상태에 정통성을 부여하려는 경향을 보인다. 현대 말리에서는 지배계급 엘리트들이 독재정치를 정당화하기 위해 젤리우들을 고용하기도 한다. 반면 와 카미소코는 역사적 인물들과 1960년대에서 1970년대의 말리의 민족주의 리더십을 비판적으로 뒤집는다. 예를 들어 순자타 서사시에 대한 그의 해석과 노예 역사에 대한 그의 서사는 비천한 신분의 니암만칼라(Nyamankaka)[2] 와 노예의 후예들이 과거뿐 아니라 현재의 만덴카(Mandenka) 사회에도 기여했다고 인정하는 사례를 만들었다.

가장 논란이 되는 문제는 와 카미소코의 이슬람에 대한 시각이다. 많은 말리인들처럼, 그의 종교적 정체성은 이슬람과 토착 종교가 혼합되어 복잡하다. 고향인 크리나를 중심으로 하는 '크리나 코노(Krina Kono, 크리나의 새)'라는 컬트 단체에 회원으로 참여했던 그는 오래된 만덴카 문화에 대한 이슬람의 파괴적인 영향에 종종 비판적인 입장을 취했다. 이슬람이 아프리카 문화에 근본적으로 이질적이라고 보는 '신전통주의자'들과 크리나 코노 같은 단체를 이교도 컬트라고 경멸하는 순수주의 무슬림 혁신주의자들 사이에 논쟁이 벌어질 때, 와 카미소코는 자신의 구연을 통해 이 두 개의 신앙 체계가 공존했던 역사를 강조했다. 그는 만덴카 역사의 오래된 이야기에 이슬람적인 모티브를 덧씌우는 방식으로 만사 무사의 이슬람에 대한 '과도한' 헌신과 당대 혁신주의자들의 호전성의 유사점을 비교했다. 과거에 대한 그의 해석은 젠네제노를 연구하는 고고학자들의 견해와 마찬가지로, '제국주의적 전통'에 대한 기존의 서사에 비판적인 입장을 드러낸다.

이제 두번째 이야기의 무대, 짐바브웨 서부의 북마타벨렐란드(Northern Matabeleland)의 은카이(Nkayi)와 루파네(Lupane) 지역으로 가보자. 상당히 높은 수준의 문화를 향유하면서 오래된 정착지에 살았던 만데족 이야기와는 달리, 이 지역은 최근에 혼란스러운 사건들이 많았던 변경지대다. 지역의 역사를 전하는 텍스트 또는 와 카미소코와 같은 '유기적 지식인'[3]이 없다는 점도 특징이다. 과거의 대부분이 잊힌 것처럼 보인다. 식민 시대에 샹가니(Shangani) 보호 구역(현재의 짐바브웨 중서부)으로 지정된 지역에 은카이와 루파네 지역들이 포함되었는데, 이 샹가니 구역은 더 남쪽의, 나중에 남로디지아가 되는 지역을 1890년대에 영국이 점령하고 나서 그 지역에 살던 은데벨레족을 이주시키려고 고안한 두 개의 '토착민 보호 구역' 중 하나였다. 고향에서 쫓겨난 은데벨레 족장과 그를 따르는 사람들이 1910년대에 샹가니 산림지대로 이동하기 시작해서, 흩어져 살던 통가(Tonga)어, 샹웨(Shangwe)어, 그 외 다른 언어를 사용하는 사람들과 섞이면서 정착했고, 그 지역의 기존 문화를 어느 정도 받아들였다. 테런스 레인저의 설명에 따르면, 2차세계대전이 끝나고도 주변 지역에서 터전을 잃은 사람들이 계속 유입되었고, 어느 정도 시간이 지나자 많은 은데벨레 사람들이 현대적이고 진보적인 크리스천이라는 자의식을 갖게 되었다. 그들은 은데벨레 정체성을 유지했고, 종종 원래부터 샹가니에 살던 사람들을 뭉뚱그려 '잠베지인(Zambezis)'이라 불렀다. 반면 샹가니에 살던 사람들은 은데벨레 사람들을 달루카(daluka), 즉 '버려진 사람들'이라고 지칭했다. 이런 예를 통해 레인저는 '공동 지역사를 밝힌다는 것이 어렵거나 불가능하다'고 주장한다.

그렇다고 해서 샹가니의 다양한 사람들이 과거에 대한 의식이 없다고 보면 안 된다. '역사'는 최근의 역사다. 레인저와 그의 동료 연구자들은 2차세계대전 이후의 시기를 이야기하는 두 개의 거대 서사를 찾아냈다. 하나는 쫓겨난 은데벨레 사람들의 서사로, 문명이 아직 미개한 변경 지역에 문명의 이기(利器)[4]를 들여오면서 뿌리 뽑힌 사람들의 이야기다. 두번째는 1970년대 백인 소수 정권에 대항한 게릴라전과 독립 이후 1980년대 로버트 무가베(Robert Mugabe)의 짐바브웨아프리카전국연합(ZANU, Zimbabwe African National Union) 정권에 대항한 투쟁에서 정점에 달했던 민족주의 서사다. 다른 많은 아프리카 국가들에서도 그렇듯이, 민족주의 투쟁 서사들은 그 지역의 오래된 기억을 감추거나 과장한다.

백인 정권에 대항했던 게릴라전쟁에서 죽어간 짐바브웨아프리카인민연합(ZAPU)의 용사들을 위해 1992년에 계획되었던 추도식에 대해 테런스 레인저가 설명한 내용은 과거의 여러 층위의 사건들이 어떻게 엮어지는지 그 과정을 드러낸다. 추도식 장소로 선택된 곳은 루파네 지역의 푸푸(Pupu)로, 1893년 은데벨레 왕 로벤굴라가 최후를 맞은 마타벨레 전투지였고, 34개 부대가 몰살당하는 영국 남아프리카 회사 경비대의 '최후의 저항지'였으며, 1960년대에서 70년대 사이의 독립전쟁 당시 인민 연합 게릴라들은 은데벨레족의 군사 전통에서 정기를 받고자 이 옛 전쟁터를 찾아갔다. 그러나 예정된 이 기념식은 논란의 대상이었다. 무가베의 전국 연합 정권은 은데벨레 왕권이 되살아나거나 이 지역 사람들이 인민 연합과 가까워질 가능성에 두려움을 품고 있었다. 더군다나 푸푸 사람들은 다양한 부족으로 구성되어 있었고, 은데벨레족 이외의 많은 사람들은 로벤굴라왕과 유명한 그의 아버지 음질리카지(Mzilikazi)를 민족주의 투쟁에 연관 짓는 것을 반기지 않았다. 이 '영웅의 날' 기념식 전야제에 다양한 사람들이 모였을 때, 한 영매가 은데벨레족에게 쫓겨난 토호 중 하나인 로즈위 맘보(Rozwi mambo)의 혼에 빙의되었다. 레인저는 이렇게 썼다. "이 영매는 오래된 과거가 인정되기를, 그리고 과거의 폭력이 치유되기를 간구했다. 그러면서 거의 알려지지 않은 사건이 제례 의식을 통해 역사로 발설되고 있었다."

28. 식민 시대 이후의 폭력. '앙골라 완전 독립을 위한 전국 연합(National Union for the Total Independence of Angola, UNITA)'의 한 병사가 포르투갈의 지배가 무너진 후 1975년 11월 12일, 앙골라 중서부 노바 리스보아(현재의 우암부Huambo)에서 쓰러져 있는 식민 시대 동상 옆에서 포즈를 취하고 있다. 전국 연합과 그 라이벌인 앙골라해방인민운동(People's movement for the Liberation of Angola, MPLA) 정부 간의 내전이 거의 20년간 이어졌다.

현재를 기억하기

이 두 가지 이야기는 최근 아프리카 역사 연구에 나타나기 시작한 여러 주제들을 보여준다. 그중 한 가지는 지성사(intellectual history)에 대한 관심으로, 사람들이 사물에 대하여 생각하거나 표현하는 방식과 수단 자체를 연구 대상으로 삼고 있다. 우리가 1장에서 살펴본 환경사(environmental history)의 부상 배경처럼, 학문 분야 또는 좀더 일반적인 학문적 유행에 따라 광범위한 변화가 일어날 때, 새로운 연구 주제들이 그 변화를 따라가는 경우가 많다. 한편 아프리카의 과거와 현재가 보여주는 특수성에 따라 연구 주제가 형성되는 경우도 있다. 지성사와 환경사 모두 역사에 대한 역사다. 따라서 이 주제들에는 지적 생산 방식과 논란이 되는 표현 방식들이 광범위하게 반영되어 있다. 말하자면 포스트모더니즘이나 인문학에서 말하는 '문화-언어적 전환(cultural-linguistic turn)[5]'이 역사학에도 도입되었다. 반면 아프리카만의 특수한 맥락의 주제도 있다. 아프리카의 역사학자들에게 시급한 과제는 과거와 현재의 관계뿐만 아니라 역사에 대한 토착적 인식과 자신들의 학문적 기교의 관계를 짚어보는 것이다.

과거를 인식하는 데 현재가 주는 영향의 예는 아프리카 역사가 새롭게 편찬되는 과정을 보면 분명하다. 1970년대에 첫 번째 중요한 방향 전환을 통해서 초기에는 국가 건설에 두었던 초점이 정치경제학으로 옮겨졌다. 이 당시의 방향 전환에는 이념적으로 급진적인 연구 주제들이 포함되었다. 특히 월터 로드니의 저서 『유럽은 어떻게 아프리카의 발전을 가로막았나*How Europe Underdeveloped Africa*』로 예증한 '종속 이론'을 통한 접근과, 프랑스의 마르크스주의 인류학자들의 소위 '생산양식'이라는 경제체제 연구는 주목할 만하다. 이런 다양한 마르크스주의 분석을 통해 아프리카에 좀더 보편적인 이론이 적용되었는데, 그 영향이 어느 정도였는지 알아보는 것도 흥미롭다. 서구 사회과학 이론이 아프리카의 실상에 전혀 어울리지 않는다는 것이 드러난 1980년대 중반에 이르러 이 주장들은 힘을 잃고 시야에서 사라졌지만, 그래도 마르크스주의 인류학은 지속되는 지적 유산을 간직하고 있다. 그것은 빈자와 부자, 젊은이와 늙은이, 남자와 여자, 자유와 부자유 사이에 경제적·사회적 권력의 차별이 있었다는 면을 강조함으로써, 공통의 조상을 가진 국가, 부족, 친족 관계와 같은 오래된 인식의 틀을 무너뜨리는 데 중요한 공헌을 했다. 자본주의의 작동에 초점을 두는 마르크스주의자들이 현대의 남아프리카에 특별한 관심을 기울이면서, 노예제도와 젠더 등 몇 가지 중요한 분야의 연구에 활기를 불어넣었다.

아프리카는 산업화 또는 계급 형성이 매우 제한된 대륙이어서 마르크스주의 경제 분석이 괄목할 만한 성과를 낼 수 없었다. 그렇지만, 마르크스주의자들이 사회적 투쟁을 강조함으로써, 역사가 상위계층의 정치와 '위대한 인물'의 역사가 아니라 평범한 남자들과 여자들의 역사라는, 더욱 광범위한 기반에 구축된 사회사(social history)가 발전해나갈 길을 열었다. 아프리카의 정치 지도자들이 크게 의미 있는 존재도 아니고 대단하지도 않다는 것이 드러나자, 많은 역사학자들이 일상생활에 숨어 있는 근본적인 삶의 리듬을 탐구하는 데 관심을 집중했다. 당연한 말이지만, 이런 일상생활의 리듬을 탐구하기 위해서는 사료가 필요했다. 보통 사람들의 활동, 동기, 믿음, 영감을 드러내는 기록 자료와 구술 자료 등등. 바로 이런 경향이 20세기에 대한 연구가 왜 점차 방대해졌는지를 일부 설명한다. 역사학자들이 좀더 깊은 곳에서 나오는 '진정한' 아프리카의 과거를 무시하고 식민 시대에만 관심을 가졌던 것은 아니다. 얼굴도 없는 공동체('부족')보다는 개성을 가진 개개인이 사는 복잡다단한 아프리카를 재구성하려는 욕망이 역사학자들을 최근의 역사로 강하게 유인했다고 하는 편이 옳을 듯하다.

말하자면, 다른 모든 역사학자들과 마찬가지로 아프리카 역사학자들도 다른 문화나 지나간 시대를 바라보는 데 있어서 자신들만의 방식을 강요하지 않도록 주의해야 한다. 이것은 아프리카인뿐만 아니라 아프리카인이 아닌 사람들에게도 적용되는 진리다. 예를 들어 말리 동부에 있는 중세의 금석문이 현재 그 장소에 살고 있는 사람들과는 아무 관계도 없는 지적 세계의 생산물이라는 모라에스 파리아스의 언급은, 현재와 과거를 연결할 때 왜 주의해야 하는지를 설명해준다.

이런 상황은 좀더 최근의 과거에 대해서도 마찬가지다. 많은 아프리카 사회가 이전에 알려졌던 만큼 공동체 의식이 강하지 않았음에도 불구하고, 개인의 열망과 자율적인 행동을 억압하는 강력한 집단적 에토스를 갖고 있었다. 조지프 밀러는 이렇게 썼다. "대부분의 가용한 사료에 개인이 익명으로 등장한다는 사실은 아프리카 사료의 취약점을 드러내는 것이 아니라 오히려 아프리카의 집단적인 사고방식을 이해하는 데 도움이 된다."

이런 집단 사고는 '마법(witchcraft)'의 개념에 잘 드러난다. 마법은 많은 아프리카 사회에서 불운과 과도한 개인적 행운 모두를 설명하는 개념으로, 집단 사고가 반영되어 있다. 마법이 정치 영역에서뿐 아니라 사회 전체에서 중요한 역할을 지속한다는 점이 역사학자들의 관심을 끄는 이유다. 요컨대 마법의 언어는, 예전에는 노예무역의 악의를 이해하는 데 사용된 것처럼, 식민 시대와 그 이후 국가들의 '흡혈귀 같은' 권력을 설명할 때에도 사용되고 있다. 마법이 그 희생자들의 정신을 '먹어치웠던' 것과 똑같이 이 모든 외부 세력은 재화를 소비하거나 사람을 소비했다. 이런 소비 행태는 세세 세코 모부투와 같은 인물들이 아주 효과적으로 종종 이용했고, 정치학자 장 프랑수아 바야르는 이를 '배〔腹〕의 정치'[6]라고 이름 붙였다.

마법 서사들은 근대 초기 유럽의 경우처럼, 단순히 주술적이고 기이한 이야기가 아니라 아프리카의 광범위한 지성사와 문화사의 중요한 구성 요소다. 이런 지성사를 통해 기억이라는 개념이 좀더 특별한 관심을 받게 되었다. 역사학자들은 애초부터 세대를 거쳐 입으로 전해지는 토착민들의 기억 저장고를 활용할 수단을 찾았고, 구비 전승을 분석하는 노력을 통해 아프리카 사회에서 '역사'를 재현하기 위한 매우 다양한 장르들이 나타났다. 역사적인 기억은 단순히 성문화된 사건들의 집합으로 설명되기보다는 서사시, 제례 의식, 기도문, 시각예술의 형태로, 심지어는 연구자와의 인터뷰 동안에도 '수행된'다. 이러한 장르는 불변하는 집단적 전통을 전달하기는커녕 개인적인 회상과 재해석의 여지를 남긴다. 이런 기억들 대부분은 학자들과 토착 지식인들에 의해 생산된 기록과 얽히고설켜 있다. 학자들과의 대화를 통해 영향을 받고 전승을 나름대로 해석한 와 카미소코의 경우가 이에 해당된다. 침붐바 칸다마툴루(Tshibumba Kanda-Matulu) 같은 콩고 예술가들—이들 중 일부는 서구 학자들의 후원을 받았다—이

29. 사무엘 포소(Samuel Fosso). 타티(Tati) 시리즈 자화상 I-V(1997)의 〈아프리카를 식민 종주국에 팔아넘긴 족장〉. 현대 아프리카에서 가장 유명한 예술가 중 한 명으로, 중앙아프리카공화국 방기에서 활동했다. 자칭 전능한 지배자의 '자화상'을 흉내냈고, 콩고의 독재자 세세 세코 모부투와 토호의 권좌 이미지를 묘사한 전복적인 초상화.

1970년대부터 그려낸 복고풍 역사화에도 이런 점이 드러난다. 이 예술가들을 지원한 서구 학자 중 인류학자 요하네스 파비앙(Johannes Fabian)은 칸다마툴루와 다른 여러 화가들의 작업을 '현재를 기억하기'라고 평가했다.

그러나 과거에 대한 관점 모두가 그렇듯이 기억은 선택적이다. 어떤 것은 회상되지만 다른 많은 것은 망각된다. 그리고 대중적인 기억이 실제로 있었던 사건에 대한 하나의 버전일 수 있지만, '공식적인 기억'은 상당히 다를 수 있다. 정치투쟁의 승자가 자신의 이야기를 전통으로 신성화하는 일은, 과거에도 그랬지만 오늘날의 아프리카에서도 실제로 일어난다. 말리의 와 카미소코와 콩고/자이르의 침붐바 칸다마툴루는 자신들 나름대로의 역사관을 형성할 때 전해내려오는 과거를 거스르는 대중적인 기억의 흐름을 이용했다. 이들은 어느 정도 기존 체계에 도전하는 '대항적 헤게모니'가 된 것처럼 보일 수 있다. 짐바브웨의 북부 마타벨렐란드 같은 곳에는 대체된 역사적 기억들이 당대를 호령하는 서사에 의해 깊이 묻혀 있다. 이 지역의 경우에서 보듯, 오래되고 깊은 서사를 가장 자주 관통하는 것은 민족주의 서사다.

아프리카 역사 기술에서 마지막 국면인 '현대(contemporary)' 역사를 살펴보자. 현대에 속하는 시기가 정확히 무엇으로 구분되는지는 불명확하지만, 아프리카라는 맥락을 고려해 식민 시대 이후를 지칭한다고 보아도 될 듯하다. 역사학자들이 식민주의의 복잡성에 점진적으로 관심을 기울였던 것처럼, 요즘 앞서나가는 연구들은 1950년 이후에 초점을 맞추고 있다. 앞 장에서는 몇 가지 부상하고 있는 주제들, 특히 식민 제국에서 민족-국가로의 전환을 특징짓는 패턴의 지속과 변화에 대해 다루었다. 그 과정을 통해 명확해지기 시작한 것은 정치적 전환이 반식민주의 해방이나 새로운 국가 건설 서사에서 종종 빠져 있던 많은 이야기 중 하나에 불과하다는 점이다. 식민주의 억압에 맞서 자유를 얻으려 했던 많은 투쟁가들의 이야기는 정치적 라이벌들에 의해 묻혀버렸고, 권좌에 일단 오르면 '국가 통일'이라는 대업을 수행하기 위해 과거의 투쟁을 망각하려고 노력했다. 마타벨렐란드의 짐바브웨아프리카인민연합 민병대는 하나의 예에 불과하다. 다른 예로, 1950년대 케냐의 마우마우 폭동의 산림지대 전사들을 들 수 있다. 키쿠유 사회에서의 이 갈등은 반식민주의 봉기가 되기도 하고 내전이 되기도 한다. 테런스 레인저가 말했듯, 과거의 폭력을 치유하고 현재의 긴장을 완화하기 위해서는 이 모든 이야기의 맥락을 이해하는 일이 필수적이다.

아프리카의 역사, 아프리카의 유산

2007년은 노예 매매법이 폐지된 지 200년이 되는 해다. 오랫동안 노예제폐지운동을 펼친 결과 영국 의회는 영국 배의 노예 운반을 불법화하는 법을 가결했고, 이 법은 1807년 5월 1일부터 발효되었다. 이런 법제화가 처음은 아니었다. 미국의 몇 개 주와 덴마크에서는 이전부터 금지되어 있었다. 다른 한편, 혁명기의 프랑스는 1791년 생도맹그(Saint Domingue)의 카리브해 식민지(아이티)에서 발생한 대규모 노예 반란의 여파로 1794년 노예무역과 노예제도의 철폐를 선언했지만, 곧바로 시행되지도 않다가 1802년에 나폴레옹이 복구를 시도했다. 수많은 아프리카인들이 1800년대 중반까지 대서양 너머로 수출되었고, 노예제는 브라질과 쿠바에서 1880년까지, 아프리카의 많은 지역에서는 20세기까지도 지속되었다. 노예 운반을 불법화한 1807년은 상당히 모호하기는 해도 근대 세계가 형성되는 중요한 순간으로 기록된다. 이 200주년을 맞아 아프리카 역사와 아프리카 역사를 포함하는 광범위한 인간 역사, 이 둘 사이의 관계에 대한 성찰이 더욱 촉진되어야 한다.

노예제도는 우리가 처음에 다루었던 아프리카 개념과 관련된다. 앞으로도 기억될 아프리카 개념에는 대서양 노예 교역의 경험이 어느 정도 녹아 있다. 그렇다면 아프리카 역사라는 것은 정말 있을까, 아니면 아프리카라고 불리는 대륙에서 펼쳐진 역사만이 존재할까? 결국, 이 질문에 대한 모든 대답은 주관적이다. 어느 곳의 과거에 대한 모든 주장은 특수성에 대한 주장인 동시에 지식과 역사적 '진실'의 보편성에 대한 주장이기도 하다. 그래도 많은 사람들은 특수한 아프리카의 과거가 있다면, 그것은 적어도 몇 세기 동안 일련의 충격적인 역사적 경험—노예무역, 19세기의 혼돈, 식민 정복 그리고 독립 이후로 지속되는 가난과 폭력과 정치적 독재 체제—으로 형성되었다고 주장할 것이다. 이런 사건 모두가 아프리카 사람들 전체에게 가차 없이 가해진 재앙이었다고 간단하게 성격을 규정해버릴 수는 없다. 우리가 살펴본 것처럼, 그 사태들의 영향은 흔히 알려진 것보다 훨씬 더 복잡하고 차별화되었다. 아프리카 사회는 과거의 역경을 헤치고 살아남았고, 지금 당면하고 있는 역경도 극복할 것이지만, 아프리카 사람들의 생생한 경험과 아프리카 개념 자체의 형성 과정에 트라우마가 지속해서 영향을 미친다는 점을 과소평가하지 말아야 한다. 문제는 고통, 투쟁, 회복의 역사를 가장 잘 복구하고 재현할 수 있는 방식이 무엇인가이다.

반식민주의 투쟁과 민족주의 해방운동의 바람이 거셀 때 등장한 아프리카 역사는 애초부터 학문적 노력을 기울여야 할 한 가지 사명으로, 잘못된 과거를 바로 세우고자, 말하자면 세상을 변화시키거나 아니면 최소한 아프리카에 대한 과거의 인식을 바꾸고자 했다. 이런 사명은 어떤 역사학자들에게는 장점이었고 다른 역사학자들에게는 약점이었다. 아마도 모두가 인정하겠지만, 아프리카 자체뿐 아니라 역사에 관한 고정 관념도 바꾸어야 한다는 책임감은 정말 부담스러웠다. 분열은 일어날 수밖에 없었다. 대학과 전문가 집단 내의 인종과 권력 문제, 서구 역사관과 아프리카 과거의 관련성, 역사를 기술할 때 어느 정도로 학문적 행위나 정치적 기획이어야 하는지를 두고 의견이 분분했다. 이런 논쟁의 무대는 주로 미국이었다. 이는 미국의 인종 정치학적 문제들이 활발하게 이슈가 되었기 때문만이 아니라, 미국이 유럽의 식민 종주국들과 독립한 아프리카 나라들을 능가하는, 아프리카 역사 연구의 중심지로 부상했기 때문이다. 1969년부터 미국아프리카연구협회(ASA, US African Studies Association)의 일부 흑인 회원들이 탈퇴해서 좀더 범아프리카주의적인 어젠다를 추구하기 위해 경쟁 상대인 아프리카유산연구협회(AHSA, African Heritage Studies Association)'로 옮겨갔다. 인종적인 분열이 절대적이지는 않아 요즘의 미국아프리카연구협회의 모임에는 미국, 아프리카, 그 외 지역의 흑인과 백인 학자들이 참석하고 있다. 그렇지만 역사(ASA)와 유산(상속을 뜻하는, 그래서 '소유'를 함축하는 AHSA) 사이의 관계에 대해 논란이 계속되고 있다.

이런 '유산 전쟁'은 아프리카 역사에만 등장하는 특징이 아니다. 호전적인 힌두 민족주의가 대두하면서 최근 인도에서도 같은 일이 벌어지고 있다. 이들이 식민 시대에 영국 역사를 학교에서 어떻게 가르쳐야 하느냐는 논쟁을 제기하면서, 역사가 민족적인 영광에 대한 거대 서사인가, 치부를 드러낼 만큼 진실되어야 하는가, 좀더 포괄적으로는, 어떤 사람들에게는 불편한 '아래로부터의 역사'를 추구해야 하지 않느냐는 주제도 화두가 되고 있다. 노예무역을 기념하는 곳들은 빠짐없이 이런 질문에 민감하다. 자칫 균형을 잃는다면 아프리카 지배 엘리트들의 적극적인 참여를 이해하지 못한 노예무역 버전이나 노예무역에 능동적으로 가담한 것을 과소평가하는 영국 역사 버전으로 귀결될 수 있으며, 이는 모두 편파적이고 표백된 역사일 뿐이다.

또다른 버전은 남아프리카 역사다. 아파르트헤이트 체제의 완전한 붕괴, 넬슨 만델라 정권의 수립, 아프리카민족회의(ANC, African National Congress)[7]는 최근 세계 역사에서 대단히 중요한 사건이다. 1994년 5월, 르완다에서 벌어진 대량 학살의 공포가 몇 주 지난 시점에, 아프리카민족회의의 총선 승리는 미래의 희망을 밝히는 횃불이었다. 이 사건을 길고 긴 아프리카 탈식민화 과정의 마지막 장으로 볼 수도 있으며(모로코의 서부 사하라 점령을 제외하면), 아프리카 대륙 대부분의 지역에서 독재 체제의 종식과 다당제 자유선거에 대한 대중적 압력이 가중될 때 일어났다. 현재는 정치 갈등이 잠정적이나마 해결된 상태이지만, 과거의 갈등들을 어떻게 중재하고 재현하느냐는 문제는 아직 남아 있다.

민주화된 남아프리카가 현재 당면한 많은 문제들 중 하나는 그들의 역사를 어떻게 다시 생각하고 다시 쓰느냐는 것이다. 학교와 대학에서 가르치는 역사는 어떠해야 하는가? 정부의 진실화해위원회(Truth and Reconciliation Commission)[8] 활동은 용서하고 잊기 위한 것인가 아니면 과거를 바로잡고자 하는 것인가? 아파르트헤이트 체제의 암흑기에 과거는 권력자들에게 납치되어 유린되었다. 역사는 백인 이주민들의 거대 서사, 즉 백인들의 아프리카너 국가가 '반투족'과 영국제국에 대항하여 땅을 보존하고 문명화하기 위한 투쟁담으로 채워졌다. 반면, 흑인 아프리카 민족주의의 승리를 묘사하는 대항 서사도 똑같이 단순하다. 이런 서사에는 드러낸 것만큼이나 숨겨지는 것들도 많다. 역사라기보다는 그럴듯하게 꾸며진 유산이다. 남아프리카의 저명한 역사학자 슐라 마크스(Shula Marks)의 표현을 따르자면, 당면 과제는 국가의 과거를 단순한 '도덕극(morality play)'에서 복합성과 다의성을 가진 역사로 바꾸는 것이다.

아프리카 역사가 민족해방운동기에 사회적으로 그 의미가

명확했던 것처럼 지금도 그럴까? 그 대답은 '그렇다'일 것이 분명하다. 오늘날의 아프리카 위기로 인해, 그들의 역사를 연구하고 쓰고 가르치는 일이 이러저러한 이유로 종종 상당히 어려운 일이 되어버린다. 특히 열악한 환경에서 분투하고 있는 아프리카 대학의 학자들에게는 더욱 그렇다. 하지만 자랑스러운 민족주의 시절의 역사가 어느 정도 과장된 것처럼, 현재 우리도 역사 분야 상황에 대해 너무 과장되게 우려하는 것은 아닌가 싶다. 그렇다고 해서 앞으로 닥쳐올 어려움들을 가볍게 보자는 말이 아니다. 오히려 현재의 심각한 아프리카 위기가 어떠한 과정을 거쳐 형성되었는지를 이해하기 위해서는 역사에 관한 연구가 언제나처럼 중요하다는 것이다.

주

1장

1. 아프리카 대륙은 미국, 일본, 중국, 인도, 동서유럽 전체, 영국을 다 더한 것보다 넓다. (https://thinkafrica.net/africa-on-world-maps/)

2. 아프리카 내륙의 사하라사막에서 아프리카 서해안의 기니만을 향해 부는 북동 무역풍으로 먼지와 모래를 동반하는 차가운 바람. 건기인 11~3월에 건조한 먼지를 워낙 많이 동반해서, 서아프리카 일부 지역에서는 나무들이 고사하고, 햇빛이 수일 동안 차단되기도 한다.

3. 의사소통을 할 때 의미를 말로 전달한다면 구술성(口述性, orality), 문자를 통해 전달한다면 문자성(文字性)이라 한다. 역사상 수천 또는 수만의 언어 중에서 문자로 쓸 수 있는 언어는 100개 남짓이며, 오늘날 사용되는 3천여 개의 언어 중 문학을 가진 언어는 80개에도 못 미친다고 한다. 근대 서구에서는 문자가 없는 구술문화를 미개하다고 평가했지만, 문자언어보다는 구술언어가 더 오래되었고 더 현실적이며 더 진정한 언어로서 인간의 내면을 잘 드러낸다는 것이 월터 옹(Walter Ong)이 제기한 주장이다.

4. 팔레스타인 출신 영문학자 에드워드 사이드(Edward Wadie Said, 1935~2003)가 1978년에 발간한 책의 제목으로, '동양과 서양이라는 인식론적인 구별에 근거한 사고방식'이자, '서양이 동양을 지배하고 재구성하며 억압하기 위한 제도 및 스타일'이다. 서구 국가들은 동양이 비합리적이고 열등하며 도덕적으로 타락했고 이상하지만, 서양은 합리적이고 도덕적이며 성숙하고 정상이라는 식의 인식을 만들어오면서 동양에 대한 지배를 정당화해왔다. 이러한 인식은 문학 등의 예술 작품이나 여행기, 동양의 언어와 역사, 지리, 문화에 관한 학문과 연구를 통해 형성되고 확산되었다.

5. 오리엔탈리즘에 대한 반작용으로 나타났지만, 동일한 인식 구조와 특성을 지니고 있다. 오리엔탈리즘이 '서양에 의해 구성되고 날조된 동양'에 관한 인식이라면, 옥시덴탈리즘은 '동양에 의해 구성되고 날조된 서양'에 관한 인식이다.

6. 미국인 인도학자로 시카고대학 역사학과와 남아시아 언어 및 문명학과 명예

교수. 남아시아, 특히 벵골 지역과 식민주의 이후에 대한 연구를 주로 했다.

7. 현재의 콩고민주공화국 출신 철학자, 교수, 시인, 소설가, 문학평론가. 샤바주 리카시에서 태어나, 어려서 수도원 생활을 하다가 신앙 생활을 포기하고 대학에 들어갔다. 1970년에 벨기에 루뱅대학에서 철학 및 문학 박사학위를 받고 콩고로 돌아와 자이르국립대학 루붐바시 캠퍼스에서 강의를 하다가, 여느 자이르 작가들처럼 1979년에 망명하여 미국의 하버드, 스탠퍼드, 듀크대 교수로 재직했다. 아프리카 연구자로서 에드워드 사이드에 필적한다는 평가를 받고 있으며, 1988년에 발간한 『만들어진 아프리카』는 아프리카 연구에서 사이드의 『오리엔탈리즘』만큼 중요한 저작이다.

8. 대발견시대, 대탐험시대라고도 하며, 15세기 후반부터 18세기 중반까지 유럽인들이 자신감과 유럽 중심주의 세계관을 품고서 바다를 통해 세계를 돌아다니며 항로를 개척하고 탐험과 무역을 하던 시기를 말한다.

9. 보통 독점적으로 혼자 사용하는 것을 의미하지만, 문화와 관련되는 경우 한 개념이나 사물이, 의도적이든 아니든, 적대적이든 아니든, 원래의 의미와는 달리 사용됨을 뜻하며 전용(轉用)으로 번역되기도 한다.

10. 현재 아프리카 나이지리아 동부 베닌(benin) 왕국의 이보(Ibo)족 출신으로 '구스타브 바사'라는 개명한 이름으로 더 유명하다. 1789년 미국에서 출판한 자서전 『아프리카인 올라우다 에퀴아노의 흥미로운 인생 이야기*The Interesting Narrative of the Life of Olaudah Equiano*』에 고향과 노예 생활을 회상하는 아픈 이야기를 담아냈다.

11. 아프리카계 미국인 목사, 교수, 민족주의자. 미국에서 성공회 목사로 안수를 받았다. 1840년대 말 영국으로 건너가 미국 노예제도를 주제로 한 강연으로 노예제 폐지론자들의 지원을 받아 3년간 케임브리지에서 공부했는데, 이때 그의 범아프리카주의가 확립되었다. 1853년 라이베리아로 넘어가 20년간 라이베리아에 살면서 흑인들을 기독교로 개종시키고 교육하면서 범아프리카주의를 주창했지만 큰 지지를 받지 못했다. 1872년에 미국으로 돌아와서 성공회 선교회에서 활동하다가 1894년 은퇴했다.

12. 아프리카계 미국인으로, 노예제 폐지론자, 기자, 의사, 작가, (논란의 여지가 있으나) 흑인 민족주의의 최초 주창자이다. 보통 흑인 민족주의의 대부로 알려져 있으며, 하버드 의과대학에 입학이 허가된 최초의 흑인 세 명 중 한 사람

이다. (출처: 위키피디아 영문)

13. 범아프리카주의의 아버지, 교육자, 작가, 외교관, 라이베리아 정치인. 서인도 제도에서 태어나, 해방 노예들과 같이 미국에서 아프리카로 이주. 『기독교, 이슬람, 니그로 인종*Christianity, Islam, and the Negro Race*』(1888), 『아프리카의 삶과 풍습*African Life and Customs*』(1908) 등의 저서로 백인 우월주의와 유럽 중심주의를 체계적으로 비판하면서 기독교, 이슬람, 아프리카 문화의 상생 철학을 제시했고, '같지만 불평등한 인종들'이라는 서구의 인종 이론에 대항해 '다르지만 평등한 인종'이라는 새로운 인종 이론을 내세웠다.

14. 튀니지 출신이며, 근대 사회학, 역사편찬학, 경제학의 주춧돌을 놓은 아랍 최고의 역사학자로 평가받는다. 북아프리카와 에스파냐의 여러 정치 지도자들을 위해 헌신하며 정치 생활을 했고, 『역사 서설*Muqaddimah*』을 저술하여 명성을 얻었다. 이 책에서는 인간 사회를 서서 활동하는 유목 생활과 앉아서 일하는 도시 문명으로 나누어 흥망성쇠의 패턴을 설명한다. 사막지대에서는 열악한 환경으로 인해 도시보다는 결속력인 강한 집단이 형성되고 강한 '연대 의식(asabiya)'이 역사의 원동력이 된다고 본다. 이런 연대 의식을 바탕으로 어떤 계기가 생기면 도시에 근거를 둔 국가를 정복하여 새로운 국가를 건설하고, 그후 도시에서 이 연대 의식은 점차 약화되어 새로운 연대 집단에 자리를 내준다는 이론을 전개했다.

15. 영국의 빅토리아여왕이 통치한 1837년부터 1901까지의 기간을 의미한다. 이 시대는 영국 역사에서 산업혁명의 경제 발전이 성숙기에 도달하여 대영제국의 절정기로 간주된다.

16. 노아의 세 아들 중 하나인 함이 아버지 노아가 술에 취해 벌거벗은 모습을 보고 형제들에게 그 상황을 전하자, 다른 아들인 셈과 야벳은 옷을 들고 뒷걸음질로 들어가 노아의 하체를 덮어주었다. 술에서 깬 노아가 이 상황을 전해 듣고, 셈과 야벳에게는 축복을 하지만 함에게는 함의 자손들이 셈과 야벳의 자손들의 종이 되리라는 저주를 퍼붓는다.(창세기 9장) 제국주의 시대에 열강이 자신들의 침탈을 정당화하기 위해 아프리카, 아시아에 사는 사람들이 노아의 저주를 받은 함의 자손들이라고 주장한, 근거 없는 인종론이다.

17. 영국 케임브리지대학 세인트존스칼리지 역사학부 교수로 아프리카 역사가 전문 분야다. 『아프리카인들: 한 대륙의 역사*Africans: The History of a continent*』(1995)(한국어판은 『아프리카의 역사』, 이한규·강인황 옮김, 이산, 2002)는

아프리카 역사에 인구사적인 관점에서 접근했고, 1988년에는 『아프리카의 빈곤*The African Poor: A history*』을 출간했다.

18. 미국인 역사학자로 식민 시대, 탈식민 시대, 아프리카 역사가 전문 분야다. 1974년 예일대학에서 철학 박사학위를 받고 뉴욕대학에서 역사를 가르쳤으며, 저서로는 『제국과 국가에서의 시민의 신분, 1945~1960 *Citizenship between Empire and Nation: Remaking France and French Africa, 1945~1960*』 외 다수가 있다.

19. 아프리카의 음식, 생태, 농업 등에 관한 역사학자로 잘 알려져 있다. 그의 책 『옥수수와 은총: 아프리카가 신세계 곡물과 만나다*Maize and Grace: Africa's Encounter with a New World Crop*』(2005)는 2005년 미국환경사학회(American Society for Environmental History) 선정 환경사 분야 최고의 책으로 선정되었고, 2006년 조지 퍼킨스 마시(환경론자) 상을 받았다.

20. 프랜시스 포드 코폴라 감독의 영화 〈지옥의 묵시록〉의 원작인 『어둠의 핵심』(1901)은 콩고강 상류 밀림을 배경으로 문명과 야만, 인간성의 어둠을 파헤치고, 유럽 제국주의에 의해 콩고가 유린당하는 현장을 그려낸다. 반제국주의 내지 휴머니즘이라는 평가와 함께, 에드워드 사이드 같은 일부 평론가들로부터 식민주의적 사관이 작품의 배경으로 남아 있다는 비판을 받기도 한다.

21. 미국의 재즈 피아니스트, 작곡가. 1920~30년대 재즈 전성기의 전설적인 뮤지션이다. 그의 오케스트라 음악은 마치 정글에서 여러 동물의 울음소리가 뒤섞인 듯한 하모니를 자랑한다.

22. 하이데거, 사르트르, 레비나스 등 많은 철학자들의 주제이면서 사회학, 정치학 그리고 역사에서도 인용되는 개념으로, 지배하는(바라보는) '나' 또는 '우리'가 지배당하는(보이는) '그(들)' 또는 타자를 사실이 아닌 고정관념에 기반하여 낙인찍은 타자의 성격을 의미한다. (바라보는) '나' 또는 '우리'가, (보이는) '그(들)' 또는 타자를 사실이 아닌 고정관념에 기반하여 낙인찍는 것을 의미한다.)

23. 아프리카 말리공화국 동북부의 산지로, 제작자와 연대를 알 수 없는 선사시대 암면 벽화 유적이 많이 산재한다.

24. 아날학파 제2기를 주도한 페르낭 브로델은 2차세계대전 후 구조주의적 시각을 역사에 도입하여, 역사를 단기지속(사건사), 중기지속(국면사), 장기지속

(구조사) 3개의 구조로 구분하고, 개인, 정치, 연대표 보다는 집단, 사회, 구조에 초점을 맞추었다. 전쟁이나 정치 같은 사건들보다는 농업, 문화, 환경 같이 역사의 저변에 장기적으로 지속되는 영향을 강조했다.

25. 정신 상태, 사고방식, 심성 등으로 번역되는 프랑스어 단어이다. 사회를 특징짓는 신념, 관념, 한 인간 집단의 습관적 사고 양식을 의미하는 개념으로 아날학파가 그 의미를 확장했다. 체계화된 사상이나 정치, 개인, 연대기를 중심으로 역사를 재구성하는 근대 역사학의 방법론과는 달리, 시, 소설, 음악 등 다양한 문화들을 참조하여 당대를 지배했던 '집단 인식 틀'의 구조를 밝히고자 도입했다.

26. 아프리카 동북쪽으로 약간 치우쳐 있는 현재의 남수단과 북수단 지역이 아니다. 유럽인의 지역 개념으로는 프랑스가 식민 지배를 했던 말리와 남북 수단에 걸친 사하라사막의 남쪽을 의미한다.

27. 10대 만사(왕 중의 왕)로 1312년부터 1332년(또는 1337년)까지 말리제국을 지배했다. 재위 기간 중에 가나제국, 멜(말리)제국의 영토와 그 주변 영토를 장악했고, 풍부한 금광, 암염 등의 자원과 교역을 통해 제국의 전성기를 구가했다. 1324년경 메카 순례를 가는 길에 맘루크 왕조의 수도 카이로를 방문, 금실 비단옷으로 차려입은 1만여 명의 노예들, 4만여 명의 상인들과 함께 80마리의 낙타에 각각 140킬로그램씩 총 11톤의 금을 가져와 가난한 사람들에게 나눠주고 노예들도 해방시켜준 일화로 유명하다.

28. 인류학, 고고학, 역사학, 사회학 등에서 국가 또는 문명화에 상응하는 사회의 형성 단계들을 설명하기 위한 개념으로, 노동의 전문화와 분업에 따라 경제를 구성할 만큼 인구가 많고 관료 계급이 있으며 불평등이 제도화되어 있고 대형 건축물, 독특한 이데올로기 등이 존재한다는 특징을 보인다.

29. 생물학, 뇌과학, IT 그리고 정치학에서도 사용되는 개념으로, 권력의 집중과 위계화에 따른 조직 체계가 아니라, 뇌의 구조나 인터넷처럼 분산되었지만 협력하는 사회 체계를 의미한다.

30. 만딩카, 만딩고, 말린케, 말리, 만덴 등 다양한 명칭으로 불리는 이 민족 그룹은 현재의 말리, 세네갈, 기니, 시에라리온, 라이베리아, 코트디부아르, 부르키나 파소 등의 서부 아프리카 주민들로, 만데어 계통의 언어를 사용하며, 크게 동부 만데와 서부 만데 두 그룹으로 나뉜다. 그 하위 그룹은 소닌카, 수수,

밤바라 등 60여 개로 분류되지만, 이런 구분이 얼마나 정확한지는 의문이다.

31. 서아프리카 여러 부족의 구비 전승을 다루는 음유시인.

2장

1. 인류학, 고고학, 언어학의 용어로, 문화적 또는 언어적 사건이나 시대들 사이의 시간적 거리를 의미하며, 보다 일반적으로는 특정 문화나 현상이 차지하는 시간의 범위를 뜻한다.

2. 쏜(son): 약 100만 명 이상의 아프리카 노예들이 정착한 쿠바에서 시작된 대중음악으로, 다양한 타악기와 아프리카 리듬에 스페인풍 선율이 어우러져 1900년대 전반에 큰 인기를 얻었다.

3. 아파르트헤이트 정책에 따른 흑인 거주 지역.

4. 석기시대 환경에서 호모 사피엔스 또는 네안데르탈인이 어린 나이에 고아가 되어 스스로 생존하는 법을 배우는 교육용 컴퓨터게임으로, 제작자에 따르면 고증을 거친 사실을 기반으로 했다고 한다.

5. 옹호주의자들은 자신들의 그룹이 과소평가되고 있다고 믿고 타자의 평판을 회복하거나 고무하고자 하며, 자신들이 지배 그룹과 동등하거나 더 뛰어나다고 주장하면서 소수 집단에 대한 지배 집단의 편견이 잘못된 전제에 근거하고 있다는 사실을 밝히려 한다. 19세기에 북아메리카에서 해방된 많은 노예들이 아프리카로 건너가 정착한 시에라리온과 라이베리아에서 제일 먼저 옹호주의운동이 시작되었고, 20세기에 미국계 아프리카인들의 반식민주의 이데올로기에 정치적 영향을 끼쳤다.

6. 베를린 프로이센 장교의 아들로 출생. 1904년 콩고 지역의 탐사를 시작으로 아프리카 아틀란티스 이론을 구상했다. 1930년대에 잃어버린 대륙 아틀란티스가 북아프리카에 존재했고, 여기서 백인들이 고도의 문명을 세웠으며 후대의 아프리카 문명이 여기서 유래했다는 주장을 폈다. 차후 『서양의 몰락』을 쓴 오스발트 슈펭글러에게 큰 영향을 끼친다.

7. 미국 매사추세츠 태생으로 하버드대학과 베를린대학에서 교육을 받고 1903년

대표작인 『흑인의 영혼*The Souls of Black Folk*』을 출판, 흑인종에 대한 차별과 불평등을 고발했으며, 전미유색인종지위향상협회(NAACP)를 창설했고 아프리카계 미국인의 전통과 문화에 대해 예리한 논평을 다수 발표했다.

8. 역사학자이자 인류학자. 미국 애틀랜타대학에서 공부를 시작했으나, 듀보이스의 권유에 따라 1917년 하버드대학으로 전학했다. 대학원 시절에 고대 문헌들과 고고학적 자료들에 대해 연구하다가, 아프리카, 특히 에티오피아에 그리스 로마 문명보다 몇 세기 앞선 고도의 문명이 있었다는 확신을 갖고 평생 이 분야에 매진했다.

9. 두 개의 비슷한 문화가 서로 다른 지역에서 발달한 경우, 인간은 심리적으로 비슷하여 두 문화가 독립되어 발전했다는 주장이 진화주의이며, 이에 반해 사람들 간의 접촉으로 한 문화가 다른 문화로 전파되었다는 것이 전파주의다. 19세기 말에서 20세기 초 영국, 독일, 오스트리아에서 일군의 학자들이 주장한 이론이지만, 한 사회의 문화적 요소들이 갖는 기능과 의미는 각 사회마다 다양함에도 불구하고 외적 유사성만 너무 피상적으로 고찰했다는 등 여러 관점에서 많은 비판을 받았다.

10. 유대계 영국인으로, 케임브리지대학과 런던대학에서 중국 현대사를 강의했고, 미국 코넬대학 정치학과 정교수를 역임했다. 1987년 이후 『블랙 아테나』 시리즈가 출간되고 있다.

11. 1972년 생 알제리계 프랑스 축구선수. 2006년 독일 월드컵에서 이탈리아가 우승하고 프랑스가 준우승할 때 골든볼을 수상했다.

12. 벨기에는 르완다를 식민 지배하던 1933년 인구조사를 실시하면서 '부족' 신분증을 발행했고, 소수 부족(14%)인 투치족이 다수 부족(85%)인 후투족보다 우월하다는 함족 가설을 바탕으로 후투족을 차별하는 정책을 펴면서, 이전에는 자연스러웠던 두 부족 간의 관계가 악화되었다.

13. 킹 제임스 성경 또는 흠정역 성경(欽定譯聖經, The Authorized Version AV)은 영국 국왕 제임스 1세가 영국 성공회의 예배에 사용할 수 있는 표준 성경을 번역하라는 명령에 따라 영국 성공회가 1604년에 번역을 시작하여 1611년에 끝마친 기독교 성경의 영어 번역본이다.

14. 억압적인 제도에 의존하지 않고 뛰어난 정치적 권위를 가진 사람에게 충성하

는 중앙집권화된 사회를 의미한다. 일군의 미국 인류학자들이 사회는 군집사회, 부족사회, 족장사회 그리고 국가로 발전한다는 진화론적 사회 발전 단계를 제시했다.

15. 1989년 미국 노스웨스트대학에서 박사학위를 받은 후 텍사스 A&M대학에서 가르치다가 1999년부터 럿거스대학의 인류학교수로 재직 중이다. 케냐에서의 오랜 현장 연구를 통해 나온 그의 두번째 책 『무코고토에서 마사이로*From Mukogodo to Maasai*』가 2004년에 출판되었다.

3장

1. 벨기에 태생으로, 아프리카 중에서도 중앙아프리카의 역사와 인류학의 선구자였다. 1985년 『역사로서의 구비 전승*Oral Tradition as History*』이라는 저서를 통해 기억과 구술사 자료뿐 아니라 모든 역사적 자료에는 처음부터 주관성이 들어가 있다고 보면서 순수한 객관성이 존재하지 않는다고 주장했다.

2. 13세기 무렵에 지어진 에티오피아의 대서사시로, 시바여왕과 솔로몬 사이에서 태어난 메넬리크를 에티오피아 왕조의 창시자로 기록하고 있다.

3. 주로 신학이나 문학분야에서 사용하는 용어로, 어떤 이야기를 하거나 들을 때 그 내용에 인과성이나 개연성이 필요하다고 느끼는 인간의 성향을 의미하며, 따라서 서사에는 발화자의 사고의 틀이 반영된다.

4. 버지니아대학에서 역사학을 가르쳤으며, 아프리카, 특히 앙골라의 역사, 대서양 노예무역, 여성 및 아동 노예에 대해 연구했고, 주요 저서로는 1980년에 출간한 『죽음의 길: 중상주의적 자본주의와 앙골라 노예무역, 1730~1830*Way of Death: Merchant Capitalism and the Angolan Slave Trade, 1730–1830*』이 있다.

5. 영국의 탐험가, 시인, 군인. 1580년 아일랜드 반란을 진압하고 엘리자베스 1세로부터 기사 작위를 받았다. 북아메리카를 탐험, 현재의 노스캐롤라이나와 그 북쪽을 '버지니아'로 명명하여 여왕을 기념함으로써 여왕의 총애를 받기도 했다. 1603년 정쟁에 휘말려 12년간 런던탑에 갇혔으며, 이때 『세계의 역사』를 저술했다. 1616년 출옥 후 오리노코강 탐험을 시도했으나 실패하고, 1618년 귀국하여 그의 부하들이 에스파냐령에서 난폭한 행위를 했다는 혐의로 처형되었다.

6. 조개 껍질, 구슬, 철편, 양각, 음각 등으로 장식된 나무판으로, 이나반자가 구연할 때 그 내용을 기억하기 위한 상징들이 표시되어 있다. (https://learner.org/series/art-through-time-a-global-view/history-and-memory/memory-board-lukasa/)

7. 미국인 정치학자로 1970년대 노스웨스트대학에서 박사학위를 받고 라이베리아, 케냐 등지에서도 가르쳤다. 2002년에 출판한 그의 책 『자이르의 카뇩족: 1895년까지의 제도 및 이념의 역사*the Kanyok of Zaire: An Institutional and Ideological History to 1895*』에서, 1500년 이전부터 1890년대 레오폴드왕의 사유지가 되는 기간까지 현재의 콩고민주공화국 남부 사바나 지역에 살던 카뇩족의 연대기를 작성했고, 구비전승, 신화, 전설 등을 분석하여 이 부족의 정치적 문화적 전개 과정을 기술한다.

8. 인류학 용어로, 한 사회의 시공간과 역사가 격리되어 있다고 보고 그 문화의 통합성, 안정성, 독립성을 과장하는 관점. 즉 타자의 입장에서 타자의 시제로 대상을 기술하는 오류를 의미한다.

9. 일정한 시기의 언어만을 연구하는 공시언어학(또는 구조언어학)과 대비하여 통시언어학이라고도 하며, 고대와 중세의 어원, 그리스어와 라틴어의 비교, 여러 나라 언어의 계보 등을 연구한다.

10. 짐바브웨 남쪽 마스빙고 지역에 11세기부터 15세기까지 세워진 짐바브웨 왕국의 수도였던 폐허 도시. 1871년 유럽인들이 발견한 후, 1만 8천 명의 인구를 수용할 정도의 규모나 두께 9.5미터, 높이 11미터의 석벽을 쌓을 정도의 기술 수준으로 보아 아프리카 흑인들이 할 수 있는 건축이 아니라는 백인 우월주의적 역사 해석으로 숱한 논쟁이 있었다. 현재의 짐바브웨 국명이 여기서 유래했다.

11. 탄자니아 잔지바르의 스와힐리해안에 1830년대 이래 지속적으로 건설된 석축 도시로, 2천 년 전부터 사람이 거주하면서 해상무역이 활발했던 지역이었으며, 아프리카, 아랍, 인도, 유럽 등 이질적인 요소들이 천 년 이상 혼합된 독특한 문화를 보여준다. 유네스코 지정 세계유산이다.

12. 미국 텍사스 라이스대학 인류학과 교수로, 1980년부터 젠네제노 지역에서 많은 현장 연구를 진행하여 현지에서 얻은 자료를 바탕으로 아프리카의 복잡한 사회가 출현한 배경, 환경 변화에 따른 대응 등을 주제로 다수의 책을 출판

했다.

13. 1960년대 중반 미국 뉴욕주 해밀턴대학 졸업 후 평화 봉사단의 일원으로 나이지리아에서 영어와 불어를 가르쳤다. 방학중에 예술 캠프를 운영했고, 요루바 조각에 심취하기도 했다. 미국으로 돌아와 컬럼비아대학원에 들어가 아프리카 예술사, 인류학, 역사학 등의 통합 과정을 통해 아프리카 연구를 이어갔다.

4장

1. 영국인 역사학자로 영제국주의, 인도, 세계사 분야에 정통하다. 주요 저서로는 『인도 사회와 영제국의 성립*Indian Society and the Making of the British Empire*』(1988), 『제국의 전성기: 영제국과 세계, 1780~1830*Imperial Meridian: The British Empire and the World, 1780-1830*』(1989), 『근대 세계의 탄생: 글로벌 커넥션과 비교, 1780~1914*The Birth of the Modern World: Global Connections and Comparisons, 1780-1914*』(2004) 등이 있다.

2. 프랑스인 비교역사사회학자로 사하라 이남 아프리카와 정치의 역사성을 연구하고 있다. 주요 저서로는 『카메룬 정부*L'Etat au Caméroun*』(1985), 『아프리카 정부: 배(腹)의 정치학*L'Etat en Afrique: La politique du ventre*』(2006), 『민족 자유주의로부터 벗어나기. 2004~2012년 사이의 정치적 소묘*Sortir du national-libéralisme. Croquis politiques des années 2004-2012*』(2012) 등이 있다.

3. 아랍어로 신의 축복 또는 영적 영향력을 뜻한다.

4. 미국 펜실베이니아 해버퍼드칼리지의 인류사회학 명예교수로 아프리카의 사회 구조, 역사, 예술, 종교, 정치 등을 연구하여 『바콩고(Bas Conggo) 지역의 관습과 정부*Custom and Government in the Lower Congo*』(1970), 『중부 아프리카의 종교와 사회*Religion and Society in Central Africa*』(1986), 『콩고 정치 문화*Kongo Political Culture*』(2000)등의 저서를 펴냈으며, 교역 관계의 측면에서 이 지역의 구비 전승을 연구했다.

5. 런던대학의 인류학 및 사회학과 명예교수로 1996~98년에 영국 아프리카학회 회장을 역임했다.

6. 유럽에서 출발한 선박이 아프리카 서해안에서 노예를 싣고 아메리카 서인도

제도로 대서양을 횡단한 항로. 첫 항로로는 아프리카 내륙에서 매매되거나 납치된 노예들이 서아프리카 해안의 항구까지 이송되었고, 마지막 항로로는 아메리카 동부의 항구에서 하선한 노예들이 일할 곳까지 이동했다.

7. 보스턴대학에서 역사학을 가르쳤으며, 아프리카 역사, 특히 아프리카 디아스포라를 연구했다. 주요 저서로는 『콩고 왕국: 내전 및 전환기, 1641~1718*The Kingdom of Kongo: Civil War and Transition, 1641-1718*』(1983), 『대서양 세계가 형성될 때의 아프리카와 아프리카 사람들, 1400~1680*Africa and Africans in the Making of the Atlantic World, 1400-1680*』(1998), 『콩고인 성자 안토니. 도나 베아트리츠 킴파 비타와 안토니아파운동, 1684~1706*The Kongolese Saint Anthony. Dona Beatriz Kimpa Vita and the Antonian Movement, 1684-1706*』(1998) 등이 있다.

8. 1920년 뉴욕에서 대아프리카공화국 독립선언을 채택하고 '아프리카로 돌아가자'라는 구호로 흑인들의 지지를 받았던 자메이카 출신 흑인 지도자. 범아프리카주의운동을 주도하면서 만국흑인진보연합(UNIA, Universal Negro Improvement Association)을 결성하여 활동했다. "흑인 모세"를 자칭하면서 한때 각광을 받았지만 몇 가지 사기 행위로 유죄판결을 받은 뒤 바로 몰락했다.

9. 유대인 미국 이민자 가정 출신의 인류학자로, 아프리카학을 학문적으로 정립하는 데 기여했다. 주요 저서로는 『아메리칸 니그로*The American Negro*』(1928), 『다호메이: 서아프리카의 옛 왕국*Dahomey: An Ancient West African Kingdom*』(1938), 『원시인들의 경제생활*The Economic Life of Primitive Peoples*』(1940), 『니그로 과거의 신화』 등이 있다.

10. 미국 보스턴의 노스이스턴대학에서 역사학, 아프리카-아메리칸 연구, 교육학을 가르쳤다. 처음에는 아프리카의 식민 시대 역사 연구로 시작하여 지금은 세계사 연구 분야에서 활발하게 활동하고 있다. 주요 저서로는 『다호메이의 노예제도, 식민 시대 및 경제 성장, 1638~1960*Slavery, Colonialism, and Economic Growth in Dahomey, 1638-1960*』(1982), 『사하라 이남 아프리카 불어권, 1880~1985*Francophone Sub-Saharan Africa, 1880-1985*』(1988; 증보판 1999), 『세계사 탐색*Navigating World History*』(2003)등이 있다.

11. 미국 존스홉킨스대학 아프리카역사학 교수로, 어린 시절을 마다가스카르에서 보냈다. 중점 연구 분야는 마다가스카르와 인도양 서부 해안의 역사, 특히 아프리카의 고대 문화사 및 지성사, 노예 교역, 근대 초기의 유럽제국 등

이다. 주요 저서로는 『노예제도 시절의 역사 및 기억: 마다가스카르 고원지대에서의 메리나 왕국의 형성 1770~1822*History & Memory in the Age of Enslavement: Becoming Merina in Highland Madagascar 1770-1822*』(2000), 제국주의에 대한 비판적 시각의 『문자의 바다: 인도양 디아스포라 시절의 언어 및 크리올화*Ocean of Letters: Language & Creolization in an Indian Ocean Diaspora*』(2009)가 있다.

12. 간접 통치 방식으로 '협조적 제국주의'라고도 번역되며, 직접 통치 경영하는 고전적 제국주의(formal imperialism)와 대비된다.

13. 오스만튀르크제국에서 파견한 이집트 총독으로 재임했으며, 1841년 오스만튀르크제국에서 독립한 뒤 독자적인 왕조를 세워 이집트와 수단을 통치했다. 유럽의 교육제도, 산업화 등을 본떠 이집트 현대화를 추진했다. 1849년 그의 아들 사이드 파샤가 대를 이어 집권해 역시 이집트 현대화에 박차를 가하면서 수에즈운하가 건설된다.

5장

1. 나이지리아 역사학자로 이바단 학파의 일원이다. 이바단 학파는 아프리카 역사를 아프리카의 관점에서 기술하고자 했고, 아프리카 사람들의 삶에 영향을 미쳤던 역사적인 내부의 힘들을 규명하는 데 초점을 맞추었다. 아자이는 문화의 기초를 바꾸어 다른 문화를 만들어낼 수 있는 변화의 동력은 사건들이 아니라 역사의 지속성에서 생겨난다고 보았다. 주요 저서로는 『서아프리카 역사*History of West Africa*』(1970), 『서아프리카 역사에서의 논제들*Topics in West African History*』(1986), 『아프리카에서의 전통과 변화*Tradition and Change in Africa*』(1999) 등이 있다.

2. 영국의 경제학자이자 사회학자. 제국주의에 대해 비판적 입장을 취했으며 근대 제국주의 이론의 창시자로 간주되고 있다.

3. 거대 서사(grand narrative): 모든 역사적 사건들의 맥락을 설명해주는 커다란 '이야기 틀'을 의미하는 용어로 프랑스의 사회학자 리오타르(Jean-François Lyotard)가 제안했으며, 기독교 성경의 세계관이나 카를 마르크스의 유물론적 변증법 같은 이론이 여기에 속한다.

4. 루스벨트대학의 사회과학 및 역사학 교수 대니얼 헤드릭(Daniel R. Headrick)

이 1981년 출판한 책의 제목이다(한국어판은 『과학기술과 제국주의』, 김우민 옮김, 모티브북, 2013). 이 책의 부제는 '19세기의 기술과 유럽 제국주의(Technology and European Imperialism in the Nineteenth Century)'다.

5. 육군 소장 허버트 키치너가 지휘하는 영국-이집트 연합군이 마흐디(Mahdi, 이슬람 메시아)파의 지도자 아브드 알라의 군대와 수단 하르툼주에서 벌인 전투로, 1881년 이후 마흐디파가 지배해왔던 수단 영토를 확보하는 계기가 되었다. 이 전투에서 마흐디파는 1만여 명이 죽고 1만 명이 부상당했으며 5천 명이 포로로 잡히는 손실을 입은 반면 영국군 전사자는 50명도 되지 않았다.

6. 영국의 원수이자 야전사령관. 수단을 정복하고 보어전쟁 때는 사령관을, 1차세계대전 당시에는 육군 대신을 지냈다.

7. 에티오피아제국의 마지막 황제. 1916년 쿠데타를 일으켜 이야수 5세를 폐위했다. 자우디투 1세를 황제로 즉위시키고 자신은 황태자가 되어 실권을 행사하다가 1930년 선제가 사망한 후 황제로 즉위했다. 1936년 이탈리아의 침략에 저항했으나 패전하고 외국으로 망명했다. 1941년, 이탈리아군을 에티오피아에서 쫓아낸 영국은 그를 복위시켰다. 에티오피아는 2차세계대전에 연합국으로 참전했으며, 1951년에는 한국전쟁에 군대를 파견했다. 1974년에 멩기스투 육군 소령의 쿠데타로 폐위된 후 1975년 의문의 죽음을 맞았다.

8. 프랑스 제2제정(1852~1870) 당시 식민지 영토에서 19세기 중반부터 2차세계대전 때까지 실행되었던, 식민지 토착민들에게 적용된 차별법.

9. 영국인으로, 군인, 용병, 아프리카 탐험가, 식민지 관리 등으로 활동했으며 홍콩(1907~1912)과 나이지리아(1914~1919)에서 총독으로 재임하며 간접 지배를 주장했다.

10. 영국 출신의 미국인 저널리스트. 소식이 끊긴 영국 선교사 리빙스턴을 찾아 관련 기사를 쓰기로 언론사와 계약하고 아프리카 중부의 탕가니카호 등지를 탐험했다. 리빙스턴을 만난 후 그 상황을 기사로 내면서 유명 인사가 되었으며, 언론사의 지원을 받아 빅토리아호 탐사 보고서를 발표하고 콩고강의 지도를 작성하면서 서구 열강의 내륙 진출을 고무했다. 통치권을 포기하고 레오폴드 2세의 보호를 받도록 5년간 400명이 넘는 원주민 족장들을 설득하면서 벨기에 국왕의 콩고 사유화를 완성했다. 콩고강 유역을 개발하면서 현지인들을 가혹하게 다루었던 스탠리와 백인 감독들에게, 바위를 산산조각내는 다이너

마이트를 본 현지인들이 바콩고어로 '불라 마타리'라는 별명을 붙였다.

11. 미국 미시간대학 역사학 아프리카학 교수로 서아프리카 프랑스어권 지역과 이슬람 지역에 대한 몇 권의 저서를 출판했으며, 그중 하나가 『협상의 길들: 무슬림 사회와 프랑스 식민 당국*Paths of Accommodation: Muslim Societies and French Colonial Authorities in Senegal and Mauritania, 1880-1920*』(2000)이다.

12. 영국인 역사학자로 영국과 미국의 여러 대학에서 가르쳤으며, 대중적으로 인기가 높은 역사 해설가이기도 하다. 역사 연구 초기부터 귀족층을 주제로 삼아 논문과 책을 여럿 집필했으며, 종래의 제국주의에 대한 시각을 바꾼 『오너멘탈리즘』은 학계와 대중들 사이에 커다란 반향을 일으켰다. '장식주의'란 식민지를 경영하기 위해 작위 수여, 서훈, 축전, 의상 등 외양과 의례를 통하여 제국의 통일성과 정체성을 확립하는 방식을 일컫는다.

13. 스코틀랜드 출신의 역사학자로 제국주의, 패권주의, 식민주의 등 다양한 주제를 천착하고 있다. 2004년에 출판된 『제국』에서 열강이 식민지를 정복한 것은 어쩔 수 없는 일이었고, 식민지로서는 이전 토호들의 지배보다 열강의 지배가 더 나았을 것이라고 주장하기도 했다. 이에 대해 많은 비판이 쏟아져 그를 더러운 제국주의자라고 치부하는 사람들도 있었지만, 그는 이런 비판에 대해 크게 괘념치 않았다.

14. 키쿠유족 출신으로, 1921년 키쿠유족 청년 투쿠가 백인 정부에 저항하여 벌인 케냐 최초의 아프리카인 정치운동을 계기로 정치 활동을 시작했다. 1930년 케냐를 떠나 1946년까지 영국, 소련 등지에서 대학 생활과 독립운동을 병행하며 그 기간 중에 문화인류학을 배워 『케냐산을 마주보며』를 출간했다. 귀국 후 독립운동을 계속하다가 1952년 마우마우단 사건으로 수감되었으며, 1961년 석방되어 케냐아프리카민족연맹(KANU)의 의장직을 맡고, 1963년 5월 선거에서 승리하여 총리로 임명되었다. 그해 12월 케냐가 독립하면서 초대 대통령에 취임한 후 1974년 종신 대통령이 되었고, 1978년 재임중에 사망했다.

15. 인도 뭄바이에서 태어나 우간다 수도 캄팔라에서 성장한 인도계 우간다인 작가, 인류학자, 아프리카학자로서 아프리카, 유럽, 미주 등지에서 정치적 입장을 표명하는 등 다양한 활동을 하고 있다. 주요 저서로는 2차세계대전 이후 미국이 중동, 아프리카, 중남미 지역에서 저지른 비행을 고발한 『좋은 무슬림, 나쁜 무슬림 — 미국, 냉전 그리고 테러의 기원*Good Muslim, Bad Muslim — America, the Cold War, and the Roots of Terror*』이 있다.

6장

1. 세네갈의 시인이자 아프리카의 문화 이론가로 아카데미 프랑세즈의 멤버였으며, 정치가로서 세네갈 민주당을 창설하고 대통령을 초대부터 다섯 번 역임했다.

2. 아이보리코스트에서 가장 존경받는 정치인으로 아프리카 농민들의 이권을 위해 활동하다가 1945년에는 식민지 의회 의원이 된다. 1946년에 정당을 설립한 후 독립운동을 주도하고 1960년 독립된 정부의 대통령에 선출되어 일당 체제를 구축하고 친서방 정책을 유지했다. 1990년대 초 다당제와 대통령 선거가 도입되어 7선에 성공했으나 1993년 재임중에 사망했다.

3. 세네갈의 법률가이자 정치가로 1945년에 상고르와 같이 프랑스 의회에서 세네갈 대의원이 되고, 1958년에는 상원의원에 선출된다. 1946년에 프랑스 해외 식민지의 주민들에게 프랑스 시민권을 부여하는 법이 제정되는데, 이 법이 '라미네 기예 법(Loi Lamine Guèye)'이다.

4. 영국의 식민 통치에 대항하기 위해 케냐 키쿠유족을 중심으로 1950년경 조직되었던 무장투쟁 단체. 40여 개의 부족이 공존하는 케냐에서, 키쿠유족은 케냐 인구의 약 25퍼센트에 달하는 다수 부족이다. 영국은 마무마우 단원들에 의한 테러와 태업이 잇따르자 1952년 10월 국가 비상사태를 선포하고 대대적인 탄압에 나섰고, 그 결과 1956년까지 키쿠유족 1만여 명이 사망하고 수만 명이 체포되었으며 마우마우와 대립한 다른 부족 2천여 명도 살해되었다.

5. 시에라리온 정치가로 첫 수상을 지냈다. 시에라리온의 독립을 쟁취하기 위해 많은 활동을 했으며, 식민 시대 이후 헌법을 제정한 주역 중 한 명이다.

6. 남아프리카공화국에 거주하는 백인으로 보어인(Boer, 네덜란드어로 농민)이라고도 하며, 네덜란드 이주민을 중심으로 종교적 자유를 찾아 아프리카 남부에 정착한 민족 집단으로서 아프리칸스어를 모국어로 한다.

7. 영국 런던에 있는 공립 대학으로 런던대학을 구성하는 17개의 칼리지 중 하나다.

8. 철도 노동자의 아들로 태어난 프랑스 급진 사회주의자이자 사회학자, 인류학자, 민족학자로, '제3세계'라는 단어를 처음 사용한 학자이면서 아프리카 독립을 위해 많은 공헌을 했다. 사하라 이남 아프리카 연구에 많은 업적을 세웠으며 최근까지도 활발한 저작을 내놓았다. 1955년에 출판한 저서는 3종이 있는데, 여기서 언급하는 저서는 『현재의 흑아프리카 사회학*Sociologie Actuelle De l'Afrique noires*』으로 보인다.

9. 세네갈 생루이 출신의 역사학자이자 정치가. 세네갈에서 기본 교육을 이수한 후 프랑스에서 고등교육을 받아 「17세기 후반 25년간 블랙 아프리카에서의 프랑스 상업의 변화」라는 논문으로 박사학위를 받았다. 원칙을 지키고 용기가 훌륭한 사람으로 평가받는 리는 1950년대 중반 곤궁한 조국 세네갈로 돌아와 고레섬의 역사 박물관장을 맡는 것을 시작으로 독립운동에 참여했고, 독립을 전후하여 여러 차례 장관직을 수행하는 등 정치적 리더로서 많은 역할을 했다.

10. 서아프리카의 사하라사막 지대에서 서기 700년대부터 1500년대까지 강력한 국가로 군림했던 가나제국, 말리제국, 송가이제국을 일컫는다.

11. 벨기에령 콩고 카사이의 오날루아 출신으로, 기독교 계통의 학교를 졸업한 후 식민지 우편 서기로 근무하면서 정치 활동을 시작했다. 1958년 특정 지방이나 종족이 아닌 콩고 전체의 이익을 대변하는 '콩고국민운동(MNC)'을 결성했고, 1959년 벨기에 당국이 콩고의 독립을 위한 계획을 발표할 당시 매력적이고 설득력 있는 인물로 부상하여 콩고 독립 과정에서 중요한 역할을 수행했다. 1960년 5월 총선거에서 MNC가 승리하고, 6월 말 독립과 더불어 초대 총리로 선출되었다. 그후 콩고 내분이 격화, 국제연합군의 진주로 통일은 유지되었으나 정책 대립으로 대통령 카사부부와 반목, 총리와 대통령은 9월에 서로를 해임했다. 11월 군부 지도자인 대령 모부투의 군대에 체포되어 1961년 초 카탕카주에서 처형되었다.

12. 미국의 흑인 민족주의 단체. 1930년경 시카고를 중심으로 결성되어 흑인 민족의 우월성, 금주, 금연 등을 기치로 맬컴 엑스와 무하마드 알리 등의 인사들이 활동했다. 한때 회원이 25만여 명에 이르렀으며, 블랙 무슬림(Black Muslim)으로 불렸다.

13. 영어의 시민(citizen)을 뜻하는 프랑스어 단어. 벨기에의 영향으로 프랑스어가 공용어로 쓰였던 콩고에서는 외국인 남자는 무슈라 칭했고, 자국민 남자는

시투아엥이라 불렸다.

14. 비아프라 또는 비아프라공화국(1967~1970). 1967년 나이지리아의 남동부 지역에서 이보족을 중심으로 수립된 국가. 당시 나이지리아는 하우사, 요루바, 이보 등의 주요 부족으로 구성되어 있었고, 5,700만 명의 인구 중 800만 명 정도 되었던 이보족은 정치적 · 종교적 불평등을 호소하면서 1967년에 분리 독립을 선언했다. 비아프라는 일부 이웃 국가의 승인과 프랑스의 지지도 받았지만 남부 원유 산업의 이해관계가 얽혀 영국과 소련이 지원하는 정부군과 내전을 겪었다. 결국 200만 명이 아사하는 비극을 남기고 1970년 항복한 후 나이지리아에 다시 흡수되었다.

7장

1. 원시사회 신화에 등장하는 초인적인 존재로, 제도, 관습 또는 필수적인 기술들을 전해주거나 한 민족의 개조로 추앙받는 인물을 의미하며, 인간 생활을 설명하거나 정당화하기 위해 생겨난 개념이다.

2. 만데족 문화는 구전 역사, 특히 순자타 서사시로 전해진다. '니암만칼라'라고 알려진 전통 수호자들이 구전 역사와 기술을 가르치는 곳이 '쿠마요로(kumayoro)'다. 이 니암만칼라는 구비 전승을 보존하는, 만데 문화의 중요한 역할을 담당한다.

3. 유기적 지식인(organic intellectual): 그람시가 창안한 개념이다. 자본주의가 등장하면서 자본주의에 적합한 새로운 사회를 조직하거나 관리할 인력을 필요로 하면서 생겨난 계층으로, 지배 계급과 긴밀하게 유기적으로 결합된 지식인들을 의미한다.

4. 1893년 맥심 기관총으로 무장한 영국의 침입에 대항한 마타벨레 전투에서 은데벨레족(마타벨레족)의 왕 로벤굴라는 창과 방패로 무장한 전사에 더하여 '문명의 이기'인 영국제 소총 헨리-마티니를 갖춘 2만의 병사를 거느렸으나, 창을 던지듯 총을 위로 쏘는 등 훈련도 되지 않고 관리도 엉망인 군대로 50여 명의 영국군에 처참한 패배를 당한다.

5. 분석철학, 사회학, 포스트모더니즘이 문화나 언어 자체에 포함된 왜곡이나 영향 문제를 파고들면서 시각의 전환을 가져왔고, 이런 여파로 '역사는 과학인

가, 문학인가' 하는 성찰이 역사학에 도입되면서 과거에 대한 자료와 표현 방식 자체에 대한 연구가 많아졌다.

6. '체내(體內) 정치'라고도 번역되는 이 단어는 카메룬 사람들이 만든 신조어로, 장 프랑수아 바야르가 1985년에 펴낸 『카메룬 상황*L'Etat au Caméroun*』에서 인용했다. 인종 혹은 혈연주의를 뜻하기도 하지만 권력의 사유화를 의미한다. 사적 권력과 부를 통해서 관계를 형성하는 정치를 뜻한다.

7. 남아프리카공화국 백인 정권의 인종차별 정책에 대항하여 1912년 '아프리카원주민민족회의'가 결성된 후 1923년 '아프리카민족회의'로 이름을 바꾼 흑인 해방운동 조직이다. 아파르트헤이트에 대항하는 운동 조직 중 가장 오랜 역사를 가지고 있다. 1990년 지도자 넬슨 만델라가 27년 만에 감옥에서 풀려난 후 무력투쟁 중단을 선언하고, 1993년 인종차별을 철폐하는 새 헌법이 통과되고 1994년 총선에서 압승을 거둬 최초의 흑인 정권이 출범했다.

8. 남아프리카공화국에서 아파르트헤이트 기간중 인권 침해와 국가 차원의 범죄 실태를 조사했던 기구로, 1984년 노벨평화상 수상자인 데즈먼드 투투 대주교가 초대 위원장을 맡아 1995년부터 1998년 7월까지 활동한 후 10월에 3천여 장의 보고서를 냈다. 2만여 명에 달하는 가해자와 희생자 및 그 가족들로부터 증언을 듣는 한편, 흑인 테러 집단에 대해서도 공정한 조사를 진행했다. 어두운 과거사를 밝혀 역사 바로 세우기의 모범이 되었다는 평가와 함께 과거의 상처를 지나치게 파헤쳐 흑백 간 화해에 방해가 되었다는 비판도 있었다.

참고문헌

1장

Edward Said, *Orientalism: Western Conceptions of the Orient* (New York, 1978). 〔『오리엔탈리즘』, 박홍규 옮김, 교보문고, 2015〕

John Iliffe, *Africans: The History of a Continent* (Cambridge, 1995), p. 1. 〔『아프리카의 역사』, 이한규 외 옮김, 이산, 2002〕

Frederick Cooper, *Africa since 1940: The Past of the Present* (Cambridge, 2002).

James C. McCann, *Green Land, Brown Land, Black Land: An Environmental History of Africa, 1800-1990* (Portsmouth, NH, 1999), p. 3.

Roderick J. McIntosh, *The Peoples of the Middle Niger: The Island of Gold* (Oxford, 1998), p. xv.

2장

T. E. Bowdich, *Mission from Cape Coast Castle to Ashantee* (London, 1967〔1819〕), p. 43.

W. E. Burghardt Du Bois, *The Negro* (New York, 1915).

Martin Bernal, *Black Athena: The Afroasiatic Roots of Classical Civilization* (London, 1987). 〔『블랙아테나』 1, 오흥식 옮김, 소나무, 2006〕

Samuel Johnson, *The History of the Yorubas* (Lagos, 1921).

Lee Cronk, *From Mokogodo to Maasai: Ethnicity and Cultural Change in Kenya* (Boulder, 2004).

3장

Jan Vansina, *Art History in Africa: An Introduction to Method* (London, 1984), p. 135.

Paul Jenkins (ed.), *The Recovery of the West African Past: African Pastors and African History in the Nineteenth Century* (Basel, 1998).

Jan Vansina, *Oral History: A Study in Historical Methodology* (Chicago, 1965).

Joseph C. Miller, 'History and Africa/Africa and History', *American Historical Review*, 104(1999), p. 11.

Thomas Q. Reefe, *The Rainbow and the Kings: A History of the Luba Empire to 1891* (Berkeley, 1981).

John Yoder, *The Kanyok of Zaire: An Institutional and Ideological History to 1895* (Cambridge, 1992).

Susan Keech McIntosh, 'Archaeology and the Reconstruction of the African Past', in John Edward Philips (ed.), *Writing African History* (Rochester, 2005), p. 57.

Henry John Drewal, 'Signs of Time, Shapes of Thought: The Contribution of Art History and Visual Culture to Historical Methods in Africa', in Philips, *Writing African History*, pp. 330 and 332.

4장

Jean-Francois Bayart, 'Africa in the World: A History of Extraversion', African Affairs, 99(2000), p. 218.

C. A. Bayly, *The Birth of the Modern World 1780–914: Global Connections and Comparisons* (Oxford, 2004).

John Thornton, *The Kongolese Saint Anthony: Dona Beatriz Kimpa Vita and the Antonian Movement, 1684-1706* (Cambridge, 1998).

J. D. Y. Peel, *Religious Encounter and the Making of the Yoruba* (Bloomington, 2000).

Jean Comaroff and John Comaroff, *Of Revelation and Revolution: Christianity, Colonialism and Consciousness in South Africa* (Chicago, 1991).

John Thornton, *Africa and Africans in the Making of the Atlantic World, 1400-1800* (Cambridge, 1998).

Robin Law and Paul E. Lovejoy (eds), *The Biography of Mahommah Gardo Baquaqua: His Passage From Slavery to Freedom in Africa and America* (Princeton, 2001).

Patrick Manning, 'Africa and the African Diaspora: New Directions of Study', *Journal of African History*, 44 (2003), p. 490.

5장

Jacob F. Ade Ajayi, 'Colonialism: An Episode in African History', in L. Gann and P. Duignan (eds), *Colonialism in Africa* Vol. 1 (Cambridge, 1969).

Frederick Cooper, *Colonialism in Question: Theory, Knowledge, History* (Berkeley, 2005), p. 34.

Jan Vansina, *Paths in the Rainforest: Towards a History of Political Tradition in Equatorial Africa* (Madison, 1990).

David Robinson, *Paths of Accommodation: Muslim Societies and French Colonial Authorities in Senegal and Mauritania, 1880-1920* (Athens, Ohio, 2000).

Sir Apolo Kaggwa, *Kings of Buganda*, tr. M. Kiwanuka (Nairobi, 1971).

David Cannadine, *Ornamentalism: How the British Saw Their Empire* (London, 2001).

Niall Ferguson, *Empire: The Rise and Demise of the British World Order and the Lessons for Global Power* (London, 2002).

Jomo Kenyatta, *Facing Mount Kenya: The Tribal Life of the Gikuyu* (London, 1938).

Terence Ranger, 'The Invention of Tradition in Colonial Africa', in E. J. Hobsbawm and T. O. Ranger (eds), *The Invention of Tradition* (Cambridge, 1983).

Mahmood Mamdani, *Citizen and Subject: Contemporary Africa and the Legacy of Late Colonialism* (Princeton, 1996).

6장

Jacob F. Ade Ajayi, 'African History at Ibadan', in A. H. M. Kirk-Greene (ed.), *The Emergence of African History at British Universities* (Oxford, 1995), p. 93.

K. O. Dike, *Trade and Politics in the Niger Delta, 1830-1885* (London, 1956).

Thomas Hodgkin, *Nationalism in Colonial Africa* (London, 1956).

Paul E. Lovejoy, 'Nigeria: The Ibadan School and its Critics', in Bogumil Jewsiewicki and David Newbury (eds), *African Historiographies: What History for Which Africa?* (Beverly Hills, 1986), p. 202.

Walter Rodney, *How Europe Underdeveloped Africa* (London, 1972).

Martin A. Klein, 'The Development of Senegalese Historiography', in Jewsiewicki and Newbury, *African Historiographies*, p. 217.

7장

P. F. de Moraes Farias, 'The Oral Traditionist as Critic and Intellectual Producer: An Example from Contemporary Mali', in Toyin Falola (ed.), *African Historiography: Essays in Honour of Jacob Ade Ajayi* (Harlow, 1993).

Terence Ranger, 'African Local Historiographies: A Negative Case', in Axel Harneit-Sievers (ed.), *A Place in the World: New Local Historiographies from Africa and South Asia* (Leiden, 2002), pp. 293 and 302.

Joseph C. Miller, 'History and Africa/Africa and History', *American Historical Review*, 104 (1999), p. 21.

Jean-Francois Bayart, *The State in Africa: The Politics of the Belly* (Harlow, 1993).

Johannes Fabian, *Remembering the Present: Painting and Popular History in Zaire* (Berkeley, 1996).

Shula Marks, 'Rewriting South African History', in Simon McGrath et al. (eds), *Rethinking African History* (Edinburgh, 1997).

독서안내

1장

아프리카의 개념에 대해서는 역사학자들보다는 철학자들이 더 선구적이다. V. Y. Mudimbe, *The Invention of Africa: Gnosis, Philosophy, and the Order of Knowledge* (Bloomington, 1988), *The Idea of Africa* (Bloomington, 1994), Kwame Anthony Appiah, *In My Father's House: Africa and the Philosophy of Culture* (New York, 1992)를 확인하라. 비교 통찰을 위해서는 Ronald B. Inden, *Imagining India* (Oxford, 1990), Chris Wickham, *Framing the Early Middle Ages: Europe and the Mediterranean, 400–800* (Oxford, 2005)를 보라. 지리적 관점에서 Martin W. Lewis and Karen E. Wigen, *The Myth of Continents: A Critique of Metageography* (Berkeley, 1997)는 생각을 자극한다. John Iliffe, *Africans: The History of a Continent* (Cambridge, 1995)는 아프리카 역사에 대한 최고의 탐사 시리즈다. James C. McCann, *Green Land, Brown Land, Black Land: An Environmental History of Africa, 1800–1990* (Portsmouth, NH, 1999)는 뛰어난 입문서다. Roderick J. McIntosh, *The Peoples of the Middle Niger: The Island of Gold* (Oxford, 1998)는 역사고고학을 다룬 탁월한 저서다. 좀더 광범위한 맥락을 위해서는 Graham Connah, *African Civilizations. Precolonial Cities and States: An Archaeological Perspective* (2nd edn, Cambridge, 2001), David W. Phillipson, *African Archaeology* (3rd edn, Cambridge, 2005), David M. Anderson and Richard Rathbone (eds), *Africa's Urban Past* (Oxford, 2000)를 보라. 순자타와 관련된 자료로는 Ralph Austen (ed.), *In Search of Sunjata: The Mande Epic as History, Literature, and Performance*(Bloomington, 1999)를 보라.

2장

아프리카 인구의 역사와 관련해서는 James L. Newman, *The Peopling of Africa: A Geographic Interpretation* (New Haven, 1995)을, 아프리카 언어에 대해서는 B. Heine and D. Nurse (eds), *African Languages: An Introduction* (Cambridge, 2000)을 보라. 북아프리카에 관한 저서로는 Michael Brett and Elizabeth Fentress, *The Berbers* (Oxford, 1996)가 훌륭하다. 해안가의 혼혈 공동체는 John Middleton, *The World of the Swahili: An African Mercantile Civilization* (New Haven, 1992)과 George Brooks, *Eurafricans in Western Africa* (Athens, Ohio, 2003)를 읽어보라. Stephen Howe, *Afrocentrism: Mythical Pasts and Imagined Homes* (London, 1998)에는 아프리카 중심주의에 대한 강력한 비판이 담겨 있다. 남아프리카의 정체성과 역사적 상상력은 Carolyn Hamilton, *Terrific Majesty: The Powers of Shaka Zulu and the Limits of Historical Invention* (Cambridge, Mass., 1998), T. Dunbar Moodie,

The Rise of Afrikanerdom: Power, Apartheid and Afrikaner Civil Religion (Berkeley, 1975)을, 요루바와 관련해서는 Toyin Falola (ed.), *Yoruba Historiography* (Madison, 1991), L. J. Matory, 'The English Professors of Brazil: On the Diasporic Roots of the Yoruba Nation', *Comparative Studies in Society and History*, 41 (1999)를 참조하라. 식민 시대 이전의 르완다는 Jan Vansina, *Antecedents to Modern Rwanda: The Nyiginya Kingdom* (Oxford, 2004)을, 20세기의 르완다는 Mahmood Mamdani, *When Victims Become Killers: Colonialism, Nativism, and the Genocide in Rwanda* (Princeton, 2001)를 보라. 아프리카 대중음악의 역사는 아직 기록되지 않았지만, 지역적인 연구로는 G. Stewart, *Rumba on the River: A History of the Popular Music of the Two Congos* (London, 2000)를 참고해보라.

3장

아프리카 역사의 사료와 방법론에 대한 유용한 소개서로는 John Edward Philips (ed.), *Writing African History* (Rochester, 2005)에 실린 에세이가 있으며, 그의 저널 *History in Africa*에서는 진행중인 사건이 검토된다. Tadesse Tamrat, *Church and State in Ethiopia, 1270–1527* (Oxford, 1972)은 풍부한 문서 자료를 활용하여 중세 에티오피아 이야기를 정석적으로 풀어낸다. 사하라 이남의 역사에 대한 아랍어 사료의 교정판으로는 N. Levtzion and J. F. P.

Hopkins (eds), *Corpus of Early Arabic Sources for West African History* (Cambridge, 1981), John O. Hunwick, *Timbuktu and the Songhay Empire: Al-Sa'di's Ta'rikh al-Sudan down to 1613* (Leiden, 1999)이 탁월하며, Paulo F. de Moraes Farias, *Arabic Medieval Inscriptions from the Republic of Mali: Epigraphy, Chronicles, and Songhay-Tuareg History* (Oxford, 2003) 역시 그렇다. 구전 서사에 관한 저서는 Isabel Hofmeyr, '*We Spend Our Years as a Tale That is Told': Oral Historical Narrative in a South African Chiefdom* (Portsmouth, NH, 1994)을 보라. Sally Falk Moore, *Anthropology and Africa: Changing Perspectives on a Changing Scene* (Charlottesville, 1994)은 유용한 지침서다. 예술사의 가능성에 대한 두 가지 예로는 *Paula Girshick Ben-Amos, Art, Innovation, and Politics in Eighteenth-Century Benin* (Bloomington, 1999)과 Mary Nooter Roberts and Allen F. Roberts (eds), *Memory: Luba Art and the Making of History* (New York, 1996)를 보라. 이 책에서 사용한 일부 이미지에 대한 해설을 포함한 역사적 사료에 대해서는 Photographs of Africa, 24, 4 (1991)를, 문학에 대해서는 Margaret Jean Hay (ed.), *African Novels in the Classroom* (Boulder, 2000)을 참조하라.

4장

세계사에서 아프리카의 위치와 관련해서는 Robert H. Bates, V. Y.

Mudimbe, Jean O'Barr (eds), *Africa and the Disciplines* (Chicago, 1993) 중 Steven Feierman, 'African Histories and the Dissolution of World History'를 보라. 콩고의 종교사는 Wyatt MacGaffey, *Modern Kongo Prophets* (Bloomington, 1983)를, 좀더 광범위한 맥락을 위해서는 Adrian Hastings, *The Church in Africa, 1450–1950* (Oxford, 1994)를 참조하라. 이슬람에 대한 최고의 입문서는 David Robinson의 *Muslim Societies in African History* (Cambridge, 2004)이며, Nehemia Levtzion and Randal Pouwels (eds), *The History of Islam in Africa* (Athens, Ohio, 2000)도 함께 보라. 노예제도와 노예무역에 관한 엄청난 문헌들 중에서는 Joseph C. Miller, *Way of Death: Merchant Capitalism and the Angolan Slave Trade, 1730–1830* (Madison, 1988), Paul E. Lovejoy, *Transformations in Slavery: A History of Slavery in Africa* (2nd edn, Cambridge, 2000), Boubacar Barry, *Senegambia and the Atlantic Slave Trade* (Cambridge, 1998)를 읽어보라. David Eltis, Stephen D. Behrendt, David Richardson, and Herbert S. Klein, *The Trans-Atlantic Slave Trade: A Database on CD-ROM* (Cambridge, 1999)은 대단한 성과물이다. 나이지리아 오지 프로젝트와 관련해서는 www.yorku.ca/nhp을 방문하라. 디아스포라와 관련하여 좋은 입문서로는 Michael A. Gomez, *Reversing Sail: A History of the African Diaspora* (Cambridge, 2005)가 있다. 더 최근의 연구는 저널 *Slavery and Abolition*, 특히 Kristin Mann과 Edna G. Bay가 편집

한 'Rethinking the African Diaspora', 특별호 Vol. 22, 1 (2001)를 참조할 것. 마다가스카르와 관련해서는 Pier M. Larson, *History and Memory in the Age of Enslavement: Becoming Merina in Highland Madagascar 1770–1822* (Portsmouth, NH, 2000)를 보라.

5장

Cambridge History of Africa Vol. 6 (Cambridge, 1985) 중 John Lonsdale, 'The European Scramble and Conquest in African History'는 아프리카의 관점에서 바라본 정복을 가장 잘 설명하고 있다. 더 전통적인 서사로는 Thomas Pakenham, *The Scramble for Africa* (London, 1991)가 있다. Jonathan Glassman, *Feasts and Riot: Revelry, Rebellion and Popular Consciousness on the Swahili Coast, 1856–1888* (Portsmouth, NH, 1995)은 탄자니아해안을 정복한 독일의 이면을 들여다본다. 식민 지배의 영향에 대한 고전으로는 John Iliffe, *A Modern History of Tanganyika* (Cambridge, 1979)가, 여성들의 경험을 소개한 저서로는 Jean Allman, Susan Geiger, and Nakanyike Musisi (eds), *Women in Colonial African Histories* (Bloomington, 2002)가 있다. 한 마을 공동체가 20세기에 역경을 어떻게 극복했는지에 대한 생생한 증언은 Landeg White, *Magomero: Portrait of an African Village* (Cambridge, 1987)에서 찾아볼 수 있으며, 식민 지배를 헤쳐나온 또다른 이야기로는 T. C. McCaskie, *Asante Identities: History and Modernity in an African Village, 1850–1950* (Edinburgh, 2000)가 있다. 개념들의 순환 과정에 대해서는 Andrew Roberts (ed.), *The Colonial Moment in Africa: Essays on the Movement of Minds and Materials, 1900–1940* (Cambridge, 1990)를 확인해보라. 전통의 발명과 간접 지배에 대해서는 T. O. Ranger and Olafemi Vaughan (eds), *Legitimacy and the State in Twentieth-Century Africa* (London, 1993) 중 T. O. Ranger, 'The Invention of Tradition Revisited'와 Thomas Spear, 'Neo-Traditionalism and the Limits of Invention in British Colonial Africa', *Journal of African History*, 44 (2003)를 참조하라.

6장

전쟁이 아프리카에 미치는 영향에 대해서는 David Killingray and Richard Rathbone (eds), *Africa and the Second World War* (London, 1986)를 보라. Frederick Coope는 *Africa since 1940: The Past of the Present* (Cambridge, 2002)에서 전후 상황을 통찰력있게 분석해냈다. J. D. Hargreaves, *Decolonization in Africa* (2nd edn, London, 1996)는 탈식민 시대에 관한 유용한 연구다. Jean Allman, *The Quills of the Porcupine: Asante Nationalism in an Emergent Ghana* (Madison, 1993)와 Richard Rathbone, *Nkrumah and the Chiefs: The Politics of Chieftaincy in Ghana, 1951–1960* (Oxford, 1999)는 가나의 탈식민화에 대한 문헌을 특히 잘 발전시켰다. 마우마우 폭동에 대해서

는 Bruce Berman and John Lonsdale, *Unhappy Valley: Conflict in Kenya and Africa* Vol. 2 (London, 1992) 중 John Lonsdale, 'The Moral Economy of Mau Mau'와 David Anderson, *Histories of the Hanged: Britain's Dirty War in Kenya and the End of Empire* (London, 2005)가 그렇다. Alistair Horne, *A Savage War of Peace: Algeria, 1954–1962* (London, 1977)는 고전이라 할 수 있다. 두 권으로 된 Philip Murphy, *Central Africa* (London, 2005)는 제국의 종말 프로젝트를 다룬 영국 문서들을 핵심 자료로 하는 가장 최근의 시리즈다. 아프리카 역사의 등장에 관련한 훌륭한 입문서로는 한 선구자의 생생한 회고록, Jan Vansina, *Living with Africa* (Madison, 1994)가 있고, 범아프리카주의 전통에 대해서는 V. Y. Mudimbe (ed.), *The Surreptitious Speech: Presence Africaine and the Politics of Otherness, 1947–1987* (Chicago, 1992)이 있다. Wole Soyinka, *The Burden of Memory, the Muse of Forgiveness* (New York, 1999)는 전형적인 방식으로 식민 시대 이후 아프리카의 곤경과 흑인성의 정곡을 찌르는 에세이다.

7장

Stephen Ellis, 'Writing Histories of Contemporary Africa', *Journal of African History*, 43 (2002)는 최근 역사의 난제를 연구한다. 기억과 관련해서는 Jocelyn Alexander, JoAnn McGregor, and Terence Ranger, *Violence and Memory: One Hundred Years in the Dark Forests of Matabeleland* (Oxford, 2000), Rosalind Shaw, *Memories of the Slave Trade: Ritual and the Historical Imagination in Sierra Leone* (Chicago, 2002), Anne C. Bailey, *African Voices of the Atlantic Slave Trade: Beyond the Silence and the Shame* (Boston, 2005), Sarah Nuttall and Carli Coetzee (eds), *Negotiating the Past: The Making of Memory in South Africa* (Cape Town, 1998)를 보라. 남수단 지역의 과거와 현재의 폭력에 대해서는 Sharon E. Hutchinson, *Nuer Dilemmas: Coping with Money, War, and the State* (Berkeley, 1996)를 참조하라. 이 책은 역사고고학의 탁월한 사례다. 과거가 어떻게 재현되는지에 대해 다룬 다른 책으로는 Karin Barber, *I Could Speak Until Tomorrow: Oriki, Women, and the Past in a Yoruba Town* (London, 1991)이 있다. 광범위하게 정의된 마법에 관한 문헌으로는 Luise White, *Speaking with Vampires: Rumor and History in Colonial Africa* (Berkeley, 2000)와 Jean Allman and John Parker, *Tongnaab: The History of a West African God* (Bloomington, 2005)를 보라. 이 주제와 관련하여 광범위하게 벌어진 토론은 Paul Tiyambe Zeleza, *Manufacturing African Studies and Crises* (Dakar, 1997)에 실려 있다. 마지막으로 과거와 현재의 아프리카 사람들에 관한 두 권의 책, Laurent Dubois, *Avengers of the New World: The Story of the Haitian Revolution* (Cambridge, Mass., 2004)과 James Ferguson, *Global Shadows: Africa in the Neoliberal World Order* (Durham, NC, 2006)를 추천한다.

역자 후기

아프리카 불어권 여러 나라에 지사를 두고 서울에서 잡화 제품을 공급하는 작은 무역회사에 취직했다. 대학 시절에는 천 원짜리 점심도 호사스러웠는데, 회사 부근 식당의 4천 원짜리 점심 식사, 안심이나 등심을 맘껏 구워먹는 잦은 회식은 내가 겪어보지 못한 호사였다. 한창 성장하던 젊은 회사여서 활기찬 분위기에 월급도 적지 않았다. 이런 신분 상승 같은 만족감도 잠시, 순진한데다 똑똑하지도 못한 애송이 직원에게는 세상이 너무 치열했다. 수십 년 닳고 닳은 시장 상인들부터 실적에 내몰리는 대기업 직원들까지, 내가 만나야 했던 사람들하고는 마음 편한 술자리가 어려웠다. 서로 뻔히 아는 거짓말을 태연하게 주고받을 수밖에 없었다. 2년 정도 이런 생활에 점점 지쳐갈 무렵에 처음 만난 아프리카 사람들, 내가 담당했던 바이어들은 달랐다. 순진했고, 나처럼 치열하지 않았다. 저런 사람들이 사는 아프리카는 어떤 세상일까?

'착한 사람들의 세상'일 것이라 기대한 아프리카 생활은 88년 서울올림픽 직후 가봉 지사로 발령받으면서 시작되었다. 이후 큰 회사 직원이나 개인 사업가로서, 킨샤사 콩고, 코나크리 기니, 브라자빌 콩고, 알제리 등지로 옮겨가며 20여 년간 이어졌고, 그만큼 많은 아프리카 이야기들이 쌓여갔다.

재미있는 사건이지만 잘 알려지지 않은 이야기 중 하나.

1982년 가봉을 국빈 방문한 대통령 전두환을 영접하는 의전행사가 리브리빌공항에서 열렸다. 국가를 연주하는 순서에서, 애국가 대신 북한 국가가 울려퍼지는 사고가 발생했다. 일부 글에서는 이 사건을 북한의 공작이라고 소개하지만, 실상은 이렇다. 국가 이름이 알파벳순으로 정리된 악보철이다 보니 북한(Corée du Nord)이 남한(Corée du Sud)보다 앞에 보관돼 있었고, 한국이 둘이라는 사실을 알지 못한 군악대장이 먼저 것을 뽑아 우리 국가인 줄 알고 연습, 연주한 사고였다. 행사는 갑작스레 중단되었고, 북한의 테러 공격이라 오인한 한국 경호원들이 재빠르게 대통령의 목덜미를 낚아채 대기하던 자동차에 쑤셔넣고 급히 현장을 벗어났다. 이런 경호 현장을 인상 깊게 본 오마르 봉고 대통령은 한국측에 한국인 경호원

파견을 요청했다.

이렇게 황당한 이야기들은 무궁무진하다.

가수 생활하는 대통령 부인이 백인 매니저와 눈이 맞아 은행 하나가 파산할 만큼의 돈을 챙겨 미국으로 도망간 이야기나, 기니 폭동 때 대통령궁이 탱크 포탄에 무너지자 바닥의 타일까지 깨어가는 약탈의 현장이 되었는데 다음날 체포된 대통령이 기자회견에서 "내 사무실이 무슨 은행입니까? 훔쳐간 물건들 모두 반납들 하세요."라고 말한 사건. 이 두 일화는 모두 사실이다.

비자가 없어 국경 초소를 우회하느라 밀림 속으로 국경을 넘던 한 교민이 열매나 돌을 마구 던지는 원숭이떼한테 공격당했다는 이야기, 사방에 빛 하나 보이지 않는 광활한 지역을 헤드라이트에 의지해가며 차를 몰던 한 교민이 도로를 가로질러 늘어선 고릴라 무리를 만났는데, 무리 가운데 큰 놈 한 마리가 검지를 까딱거리면서 가까이 오라는 신호를 하기에 혼비백산 다급하게 후진하여 도망쳤다는 이야기, 적도 밀림 사행천에서는 악어 등에 올라타 왼발을 누르면 좌회전, 앞쪽을 밟으면 가속하도록 길들여 수상 택시로 이용한다는 이야기, 아직 식인 습관이 남은 지역에서는 연말연시에 상납용으로 어린아이들이 유괴된다는 소문도 있다. 현지에 산다고 해도 소설인지 사실인지 알 수 없는 이야기도 많다.

이 책은 신기하고 새로운 아프리카 이야기들을 소개하는 내용이 아니다. 아프리카 이야기들이 어떤 시선으로 서술되고 수용되었는지를 반성하게 만든다. 몸으로 부딪치면서 겪었기에 진실이라 믿었던 이야기들을, 왜곡된 특정 관점으로 이해하고 해석하지 않았나 되돌아보게 한다. 저자들이 소개하는 다양한 역사 서술 관점들은 내가 쌓아온 이야기들의 역사적, 사회적 맥락에 주목하도록 권유한다. 이 책을 통해 내 관점이 어떤 '계보'에 따라 형성되었는지를 묻게 됐고, 그 이야기들의 의미를 재해석, '재배치'하는 성과를 얻었다. 이 독서 경험은 아프리카 역사와 '나'를 새롭게 들여다보는 '접속'이었다.

타자성

가봉 리브르빌에서 처음 담당한 일은 신발이나 가방 같은 잡화를 파는 일이었다. 쓰레기 반, 사람 반 북새통에 냄새 지독한 재래시장이었지만, 물건은 모자라고 돈은 넘쳐나던 시절이라 매장은 매일 북적거렸다. 신상품이 들어오면 몽둥이를 들고 손님들을 줄 세워야 할 정도로 호황을 누렸지만, 눈이 치떠지거나 골치 아픈 일, 상상 밖의 현상들도 끊이질 않았다.

'타자'의 눈에는 '현재 대신 미래'가 아니라 '미래 대신 현재'를 사는 아프리카 사람들이 신기했다. 월급보다 비싼 구두를 사 신고 다음날부터 교통비나 식비를 가불해달라고 조르는 직원, 방문하는 친척을 한 달이건 두 달이건 먹여주고 재워주고 용돈까지 주는 친족 연대감, 태어나면 걷기보다 춤을 먼저 배우는 낙천성, 임신한 채로 등교하는 중학생의 개방성, 국가대표 축구팀이 승리했다고 시장으로 몰려와 '축하선물'을 약탈하는 남학생들의 '나눔의 정신', 월급을 이중 삼중으로 타가는 공무원이 많아 구조조정이 필요하다는 IMF의 진단에, 비리 척결보다는 그 공무원들의 가족과 친척들의 생계가 우선이라는 대통령…….

이런 사회 이런 문화가 왜 나에게는 '이상하게' 보였을까? 복잡하고 어려운 '타자' 철학은 제쳐두고, 저자들이 1장의 '만들어진 아프리카'에서 언급한 대로 '어떤 문화가 타자를 바라보는 방식들', 특히 그중에서 '편견이라는 안경을 쓰고 타자를 바라보는 방식'으로 '타자성'을 정의한다면, 내가 아프리카를 바라보았던 방식을 요약한 표현이 아닐까 싶다. 아프리카만큼이나 가난했던 변방의 작은 나라에서, 내일을 위해 오늘은 허리띠를 졸라매고, 근면, 절약, 정직, 효율 같은 사회적 가치들을 공유했던 나에게는 아프리카가 신기했다. 무지와 우월감이 내 안경이었던 셈이다.

아프리카에도 선진적인 면모가 있다.

거대한 건축 문화유산에 자부심이나 경외감을 느끼는 사람이라면, '다른 지역에서는 정치권력과 성직자의 권위가 중앙에 집중되었다는 증거로 기념비적인 건축물들을 들 수 있지만, 이 지역의 오래된 도시에서는 이런 것들을 전혀 볼 수 없다'는 문장(1장, 중부 니제르), 말하자면 거대 토목공사를 위해 민중들을 희생시키지 않았다는 사실을 반추해볼 필요가 있다.

국가 폭력이 난무하고 정치가 난잡해도 사익에만 몰두할 뿐 국가의 의미를 반추하지 않는 사회라면, '위계에 따른 계급 체계가 아니라 다원적인 협력체계'로 '강압적인 권력에 의지하지 않고서도 사회를 구성'한 역사에서 배워야 한다. 크로포트킨, 신채호, 촘스키 같은 아나키스트들은 모든 권력을 해체하여 상호부조, 평화, 자유를 구현코자 했던바, 이런 꿈을 이들보다 앞서 실현했던 정치체제는 우리가 지향해야 할 국가의 미래에 반영되어야 한다.

남아공의 넬슨 만델라 대통령과 데스몬드 투투 대주교가 자주 인용하여 유명한 우분투(Ubuntu) 정신—'네가 있어 내가 있다(I am because you are)'라는 뜻의 줄루어 어구 ubuntu ngumuntu ngabantu를 축약한 단어—은 아직도 가난한 아프리카 사람들의 일상에 여전히 남아 있는 철학이다. 아프리카의 이런 면모는 너무 타산적으로 변한 우리의 모습을 비추는 거울 아닐까.

역사 서술은 영웅 중심에서 민중 중심으로 변화해왔고, 민주화의 역사는 진보와 퇴보를 반복하면서도 확장되어왔다.

예전보다 개인의 인권과 자유가 확보되어 인류의 진보가 성취된 듯하지만, 이제는 거기에서 더 나아가 부작용도 드러난다. 연대와 배려가 희박해진 만큼 이기주의가 팽배하고, 일상이 너무 파편화, 전문화되어 자기중심의 세계관만을 고집하는 배타성이 강화되고 있다. 좀더 나은 세상을 위한 철학과 행동이 요구되는 이 시대에, 좁은 우물에서 벗어나 이 책의 저자들과 함께 아프리카라는 우분투의 대륙을 체험하는 작은 계기가 되었으면 한다.

원문의 의미를 정확하게 전달하려는 번역자의 의도는 거의 성공한 듯하지만, 저자들의 문체가 주는 문학적 감성, 심오한 상징까지 옮기기에는 역부족이어서 아쉬웠다. 친절하게도 한국어판 서문을 보내주신 두 저자와, 역자의 부족함을 메워주신 교유서가 식구들에게 감사드린다.

2022년 6월

송찬면

도판 목록

지도 목록

교유서가 <첫단추> 시리즈 * 옥스퍼드 <Very Short Introductions>

교유서가 〈첫단추〉 시리즈는 '우리 시대의 생각 단추'를 선보입니다. 첫 단추를 잘 꿰면 지식의 우주로 들어서게 될 것입니다. 이 시리즈는 세계적으로 정평 있는 〈Very Short Introductions〉의 한국어판입니다. 역사와 사회, 정치, 경제, 과학, 철학, 종교, 예술 등 여러 분야의 굵직한 주제를 알기 쉽게 설명합니다. 이 시리즈는 새로운 관점으로 '나와 세계'를 볼 수 있는 눈을 열어줄 것입니다.

001 철학	에드워드 크레이그 지음 ǀ 이재만 옮김
002 역사	존 H. 아널드 지음 ǀ 이재만 옮김
003 수사학	리처드 토이 지음 ǀ 노승영 옮김
004 로마 공화정	데이비드 M. 귄 지음 ǀ 신미숙 옮김
005 로마 제국	크리스토퍼 켈리 지음 ǀ 이지은 옮김
006 제1차세계대전	마이클 하워드 지음 ǀ 최파일 옮김
007 생각	팀 베인 지음 ǀ 김미선 옮김
008 문학이론(원서 전면개정판)	조너선 컬러 지음 ǀ 조규형 옮김
009 파시즘(원서 전면개정판)	케빈 패스모어 지음 ǀ 이지원 옮김
010 혁명	잭 A. 골드스톤 지음 ǀ 노승영 옮김
011 종교개혁	피터 마셜 지음 ǀ 이재만 옮김
012 유럽 대륙철학	사이먼 크리츨리 지음 ǀ 이재만 옮김
013 과학과 종교	토머스 딕슨 지음 ǀ 김명주 옮김
014 과학혁명	로런스 M. 프린시프 지음 ǀ 노태복 옮김
015 과학철학(원서 전면개정판)	사미르 오카샤 지음 ǀ 김미선 옮김
016 법(원서 전면개정판)	레이먼드 웍스 지음 ǀ 이문원 옮김
017 세계경제사	로버트 C. 앨런 지음 ǀ 이강국 옮김
018 서양의학사	윌리엄 바이넘 지음 ǀ 박승만 옮김
019 성서	존 리치스 지음 ǀ 이재만 옮김
020 신	존 보커 지음 ǀ 이재만 옮김
021 번역	매슈 레이놀즈 지음 ǀ 이재만 옮김
022 유토피아니즘	라이먼 타워 사전트 지음 ǀ 이지원 옮김
023 제2차세계대전	게르하르트 L. 와인버그 지음 ǀ 박수민 옮김
024 사회문화인류학	존 모나한·피터 저스트 지음 ǀ 유나영 옮김

025 정치 케네스 미노그 지음 | 공진성 옮김

026 이빨 피터 S. 엉거 지음 | 노승영 옮김

027 르네상스 제리 브로턴 지음 | 윤은주 옮김

028 마르크스(원서 전면개정판) 피터 싱어 지음 | 노승영 옮김

029 헤겔 피터 싱어 지음 | 노승영 옮김

030 숲 자부리 가줄 지음 | 김명주 옮김

031 주기율표 에릭 셰리 지음 | 김명남 옮김

032 인권 앤드루 클래펌 지음 | 이지원 옮김

026 이빨 피터 S. 엉거 지음 | 노승영 옮김

027 르네상스 제리 브로턴 지음 | 윤은주 옮김

028 마르크스(원서 전면개정판) 피터 싱어 지음 | 노승영 옮김

029 헤겔 피터 싱어 지음 | 노승영 옮김

030 숲 자부리 가줄 지음 | 김명주 옮김

031 주기율표 에릭 셰리 지음 | 김명남 옮김

032 인권 앤드루 클래펌 지음 | 이지원 옮김

033 고대 그리스 폴 카틀리지 지음 | 이상덕 옮김

034 사회학(원서 전면개정판) 스티브 브루스 지음 | 강동혁 옮김

035 자본주의(원서 전면개정판) 제임스 풀처 지음 | 이재만 옮김

036 포퓰리즘 카스 무데·크리스토발 로비라 칼트바서 지음 | 이재만 옮김

037 행동경제학 미셸 배들리 지음 | 노승영 옮김

038 불교(원서 전면개정판) 데미언 키온 지음 | 고승학 옮김

039 의료윤리(원서 전면개정판) 마이클 던·토니 호프 지음 | 김준혁 옮김

040 몽골제국 모리스 로사비 지음 | 권용철 옮김

041 홉스 리처드 턱 지음 | 조무원 옮김

042 법철학(원서 전면개정판) 레이먼드 웍스 지음 | 박석훈 옮김

043 마키아벨리(원서 전면개정판) 퀜틴 스키너 지음 | 임동현 옮김

044 인류세 얼 C. 엘리스 지음 | 김용진·박범순 옮김

045 정치철학 데이비드 밀러 지음 | 이신철 옮김

046 아프리카 역사 존 파커·리처드 래스본 지음 | 송찬면·송용현 옮김

(근간) **시민권 | 조경 | 영화의 역사 | 미학 | 화학사 | 푸코**

아프리카 역사

AFRICAN HISTORY

초판 1쇄 인쇄 2022년 9월 2일
초판 1쇄 발행 2022년 9월 13일

지은이 존 파커·리처드 래스본
옮긴이 송찬면·송용현

편집 김윤하 정소리 이희연
디자인 강혜림
저작권 박지영 형소진 이영은 김하림
마케팅 김선진 배희주
브랜딩 함유지 함근아 김희숙 박민재 박진희 정승민
제작 강신은 김동욱 임현식
제작처 한영문화사(인쇄) 한영제책사(제본)

펴낸곳 (주)교유당 **펴낸이** 신정민
출판등록 2019년 5월 24일
제406-2019-000052호
주소 10881 경기도 파주시 회동길 210
전자우편 gyoyudang@munhak.com
문의전화 031.955.8891(마케팅)
031.955.2680(편집)
031.955.8855(팩스)

페이스북 @gyoyubooks
트위터 @gyoyu_books **인스타그램** @gyoyu_books

ISBN 979-11-92247-37-3 03930

• 교유서가는 (주)교유당의 인문 브랜드입니다.